projeto CIÊNCIA

Por dentro do sistema imunológico

Paulo Cunha

13ª Edição

Coordenação:
Vinícius Signorelli

Ilustrações:
Luís Díaz
Osni de Oliveira

Conforme a nova ortografia

ATUAL EDITORA

Apresentação

A maior parte do tempo estamos prestando atenção ao mundo à nossa volta: das flores às estrelas – essa é a natureza que conhecemos. Mas existe um outro mundo, um mundo ao mesmo tempo íntimo e desconhecido, o vasto mundo do nosso próprio organismo. Conhecer esse mundo é um dos objetivos primordiais da ciência. E, nas duas últimas décadas, o acúmulo de conhecimentos nos tem possibilitado compreender muitos dos seus segredos e, principalmente, boa parte de seu funcionamento.

Um dos grandes avanços foi justamente compreender um intrincado sistema – o sistema imunológico –, responsável direto por nossa saúde.

Por meio da compreensão do *sistema imunológico* podemos responder a perguntas com as quais frequentemente nos defrontamos. O que é doença e o que é saúde? O que causa as doenças? Por que devemos nos vacinar? E o que as vacinas fazem? Por que existem doenças ainda sem tratamento, como o câncer e a Aids? Seguramente, toda a sua curiosidade não será saciada com este livro, mas espero que, com ele, você possa desfrutar bons momentos enquanto desvenda alguns dos mistérios desse vasto mundo, o nosso próprio corpo.

Paulo R. Cunha

O autor

Paulo Roberto da Cunha *possui graduação em Ciências Biológicas pela Universidade de São Paulo (USP), mestrado em Genética pela mesma instituição, especializações em Biologia do Desenvolvimento pelo Centro de Investigações Biológicas, em Madri (Espanha), e em Jornalismo Científico pelo Labjor, da Universidade Estadual de Campinas (Unicamp).*

Além da área de pesquisa, atua em programas de formação de professores de Ciências e Biologia. Desde a década de 1990, trabalha como professor nas redes pública e particular da cidade de São Paulo, sempre focado no público adolescente. Publicou diversos livros didáticos e paradidáticos com temas relacionados à área de Ciências e, em particular, à Biologia.

Índice

Capítulo 1

Prevenir é melhor do que remediar

Era uma manhã ensolarada de sábado. Um dia perfeito para a família ir à praia, visitar um parque ou mesmo para Joel ir jogar bola com os amigos.

Mas Joel estava mal-humorado, pois num dia como esse sua mãe resolveu levá-lo a um posto de saúde para ele tomar mais uma vacina.

Inconformado, ele protestava. Mas não tinha jeito, a manhã estava perdida. No caminho para o posto de saúde sua mãe procurou explicar por que ele tinha que tomar a tal vacina:

– Sabe, Joel, em volta de nós, sobre nossa pele, no ar que respiramos e em todos os outros lugares que você puder imaginar, existem uns "bichinhos" que a todo momento tentam entrar em nosso corpo. Muitos conseguem e alguns deles nos causam sérios problemas. Você está lembrado daquela gripe que você pegou na semana passada e que te deixou com febre e de cama? Ela foi causada por um desses "bichinhos" que nem mesmo podemos ver. Hoje, você vai tomar uma vacina que irá te proteger contra um desses "bichinhos", o que causa a paralisia infantil.

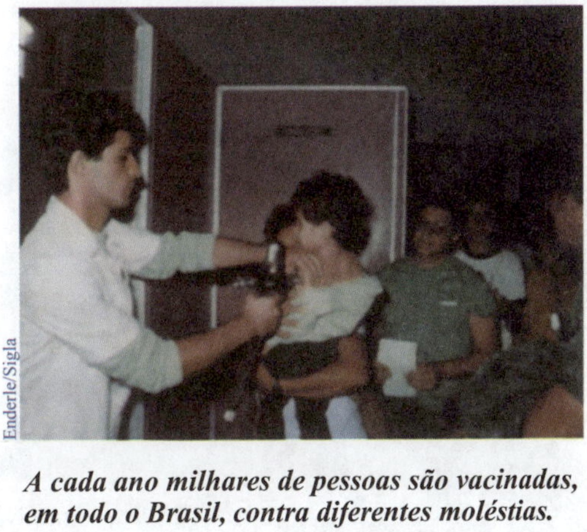

Enderle/Sigla

A cada ano milhares de pessoas são vacinadas, em todo o Brasil, contra diferentes moléstias.

– O que a vacina faz é ensinar seu corpo a reconhecer o tal "bichinho". Com isso, seu corpo se prepara para enfrentá-lo – continuou a mãe. – A maneira de enfrentá-lo é travar uma guerra. A vacina permite que seu corpo produza soldados especializados que reconhecem e combatem especificamente o bichinho que causa a paralisia infantil. Depois de tomar a vacina você pode ficar despreocupado: paralisia infantil você não pega.

Idade	*Vacinas*
1 mês	*BCG*
2 meses	*DPT e poliomielite*
4 meses	*DPT e poliomielite*
6 meses	*DPT e poliomielite*
9 meses	*Sarampo*
15 meses	*DPT, poliomielite e sarampo*
5 ou 6 anos	*DPT e poliomielite*
15 anos	*dT*

BCG: vacina contra a tuberculose; DPT vacina tríplice contra a difteria, a coqueluche e o tétano; dT: vacina dupla, tipo adulto, contra a difteria e o tétano.

Voltando para casa, depois de tomar a vacina, Joel estava mais tranquilo. Agora ele sabia que estava protegido contra a paralisia infantil. Além disso, chegando em casa ele poderia ir correndo para a praça, encontrar seus amigos e jogar futebol.

A vacinação é um "ritual" bastante conhecido, pelo qual a maioria das pessoas já passou. E, graças a esse ritual, centenas de milhares de mortes e doenças foram evitadas.

Porém, o fato de o nosso organismo aprender a combater os invasores que tentam apoderar-se de nosso corpo é apenas uma das maneiras de ele se manter íntegro e saudável.

Nesse constante trabalho para evitar doenças, um conjunto de órgãos e células está permanentemente atento para qualquer anormalidade que possa surgir, como um corte na pele, uma irritação na garganta ou mesmo problemas causados por alimentos estragados.

Esses órgãos e células fazem parte do sistema imunológico, o responsável direto pelo nosso bem-estar físico.

Quando ele falha, podemos ter problemas, como uma gripe ou uma infecção prolongada. Em outras situações esses problemas podem ser muito mais sérios, como no caso dos tumores, da Aids e das alergias.

Este livro trata do sistema imunológico, respondendo a perguntas como: Quais são seus componentes? Como ele atua? Qual a relação entre ele e nossa saúde? E, também, por que algumas vezes ele falha?

Crianças saudáveis, crianças felizes.

Capítulo 2

Saúde e doença

Nosso organismo é composto de células de vários tipos. Cada célula tem sua "especialidade". De acordo com essa especialidade, elas se agrupam, formando tecidos: pele, músculos, nervos, sangue, etc. Os tecidos, por sua vez, podem dar origem a órgãos que se agrupam em sistemas: sistema muscular, sistema circulatório, sistema nervoso, sistema respiratório, e assim por diante. Para que os órgãos e sistemas desempenhem sem problemas as suas funções, suas células precisam estar funcionando perfeitamente.

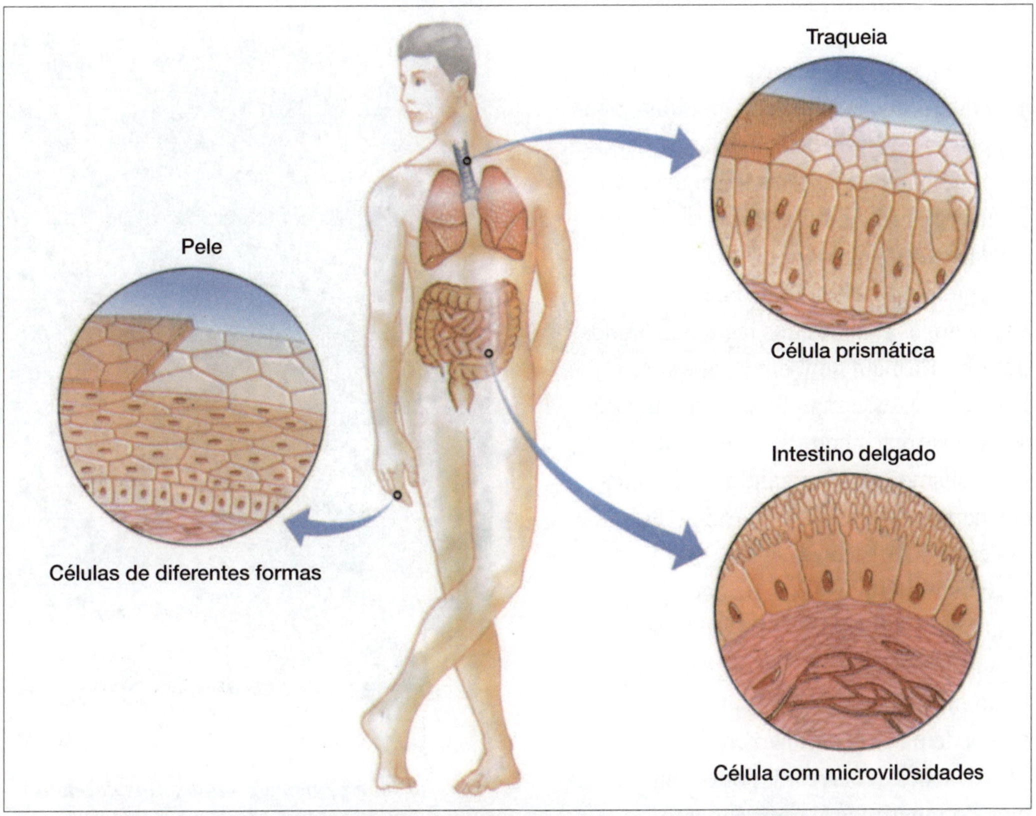

Alguns seres vivos são formados por uma única célula. Outros são formados por muitas células – organizadas em tecidos. Os tecidos formam os órgãos, e estes os sistemas.

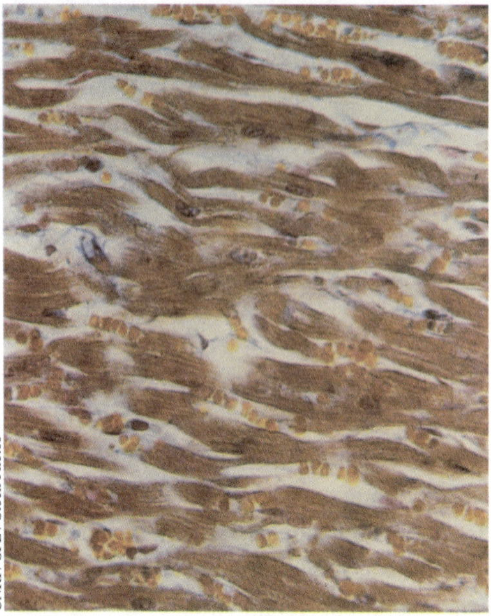

CNRI / SPL / Stock Photos

As células são unidades de vida nos organismos vivos. Aqui podemos ver como as células estão organizadas formando um tecido, o músculo cardíaco.

Todas as atividades exercidas pelo corpo humano, desde as mais corriqueiras, como um piscar de olhos e um estalar de dedos, até o raciocínio, são todas, sem exceção, devidas à ação de um ou mais tipos de células especializadas.

Quando as células sofrem alguma alteração, as funções dos tecidos e órgãos que elas formam também se alteram. Por sua vez, esse mau funcionamento de tecidos e órgãos pode se refletir em todo o organismo, caracterizando aquilo que chamamos de doença, distúrbio, síndrome, moléstia ou afecção.

Existem muitos tipos de doenças. Algumas delas são provocadas pela entrada de substâncias tóxicas no organismo. Essas substâncias penetram nas células e impedem seu funcionamento normal. Intoxicações acontecem, por exemplo, quando ingerimos algum alimento estragado.

Outras doenças aparecem quando ficamos expostos por muito tempo a certos tipos de radiação, como os raios X usados para tirar radiografias ou os raios ultravioleta, do sol ou artificiais. Nesses casos, as radiações podem simplesmente destruir as células atingidas ou torná-las anormais.

Stefan Kolumban/Pulsar

A luz do sol é benéfica à saúde. Mas devemos tomar cuidado com o excesso e evitar o sol do meio-dia, que está carregado com raios ultravioleta.

Delfim Martins/Pulsar

Os pigmentos da pele são uma proteção contra os raios ultravioleta.

Existem ainda as doenças hereditárias, assim chamadas porque os filhos recebem dos pais, durante a concepção ou fecundação, uma predisposição para a doença. Isso é devido à presença de problemas em algumas partículas existentes no núcleo das células sexuais – o óvulo feminino e o espermatozoide masculino –, encarregadas de promover o desenvolvimento do futuro ser humano. Um exemplo de doença hereditária é a hemofilia, caracterizada por dificuldade na coagulação do sangue.

No entanto, as doenças mais comuns são as chamadas doenças infecciosas. Elas acontecem quando minúsculos organismos chamados micróbios ou micro-organismos (*micro* = muito pequeno; *bio* = vida) atacam as células de tecidos e órgãos com suas toxinas ou penetram em seu interior, consumindo reservas nutritivas ou provocando a morte celular.

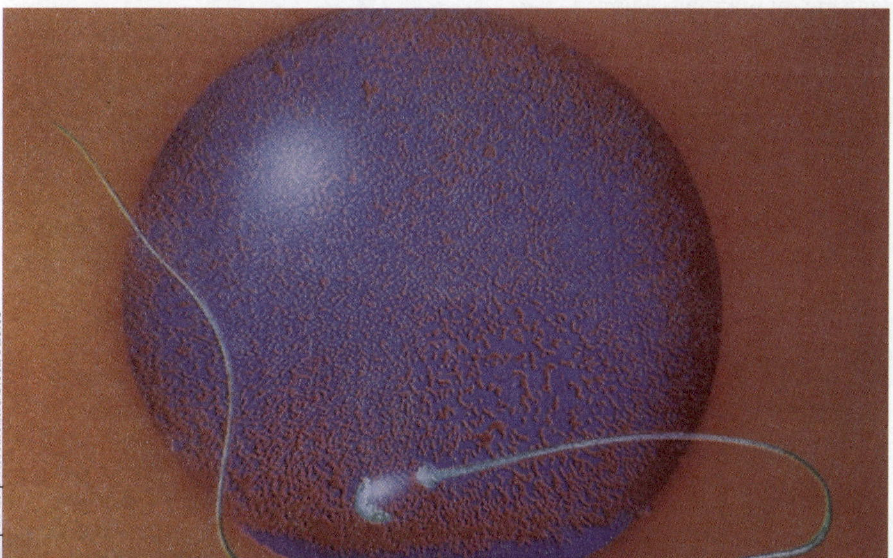

D. N. Phillips/Photp Researchers/Stock Photos

Cada pessoa foi, um dia, apenas uma célula formada pela união dos gametas paternos.

Capítulo 3

Nossos inimigos naturais

Micróbios

Até algumas dezenas de anos atrás, as doenças infecciosas eram as causas da morte de milhões de seres humanos, anualmente. Além das pessoas, muitos animais também eram atingidos. Não se sabia o que causava tais mortes, nem o que fazer para evitá-las. Muitos acreditavam que elas eram uma espécie de castigo divino, do qual não dava para fugir. Hoje, sabemos que elas são provocadas por certos tipos de micro-organismos.

Micro-organismo ou micróbio é um nome geral que engloba uma grande variedade de minúsculos seres vivos. Eles têm em comum o fato de serem muito pequenos e de sua observação só ser possível com a utilização de aparelhos apropriados, os microscópios.

Três grupos de micróbios nos interessam, particularmente, por estarem relacionados a uma boa parte das doenças infecciosas que atingem os seres humanos: os vírus, as bactérias e os protozoários.

Os vírus são os seres vivos mais simples que conhecemos. Nem sequer podem ser comparados a uma célula. Todos os vírus, sem exceção, só conseguem manter-se em atividade e reproduzir-se caso estejam no interior de uma célula viva, parasitando-a.

Podemos citar alguns exemplos de doenças causadas por vírus: varíola, febre amarela, sarampo, poliomielite, raiva, encefalite, caxumba, gripe, hepatite infecciosa e Aids.

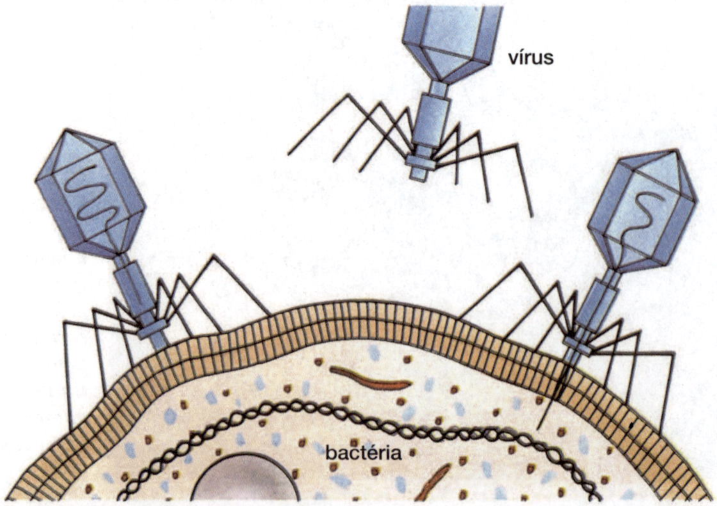

Para sobreviver, um vírus necessita entrar numa célula.

Diferentemente dos vírus. as bactérias são organismos unicelulares, isto é, são formadas por uma única célula. Essa célula é, porém, muito simples, sem compartimentos internos.

Segundo o formato de sua célula, a bactéria pode ser denominada coco, bacilo, espirilo ou vibrião.

As bactérias vivem nos mais diferentes ambientes do ar, da terra e da água. A maioria é benéfica, como as que compõem a flora intestinal e as que vivem na superfície da pele. Mas certos tipos podem causar doenças graves. O meningococo, por exemplo, causa a meningite bacteriana.

Scientific American, 1993

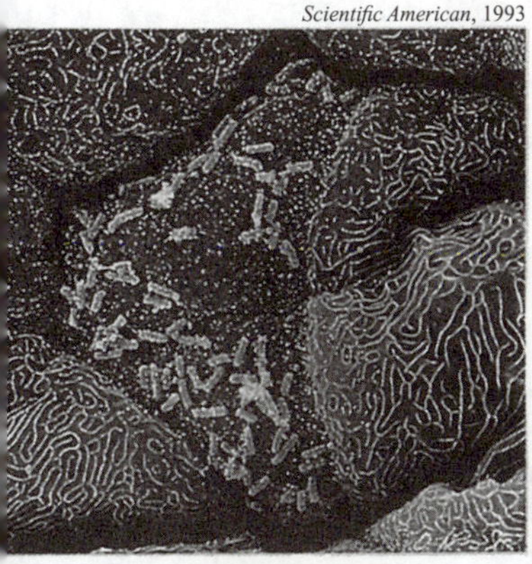

Sobre nossa pele encontramos muitas bactérias, que podem apresentar formas variadas.

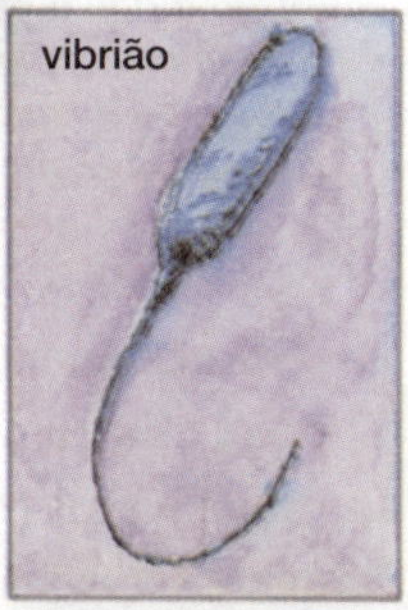

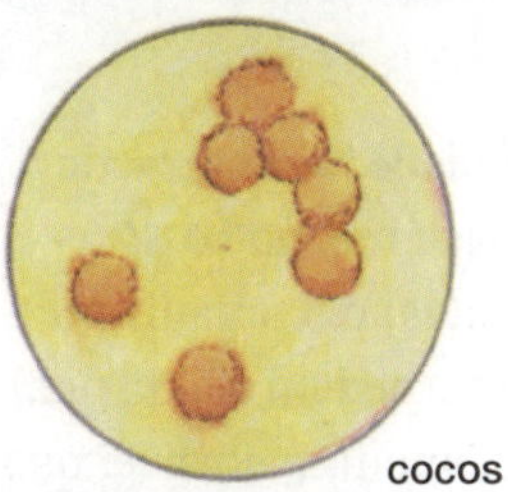

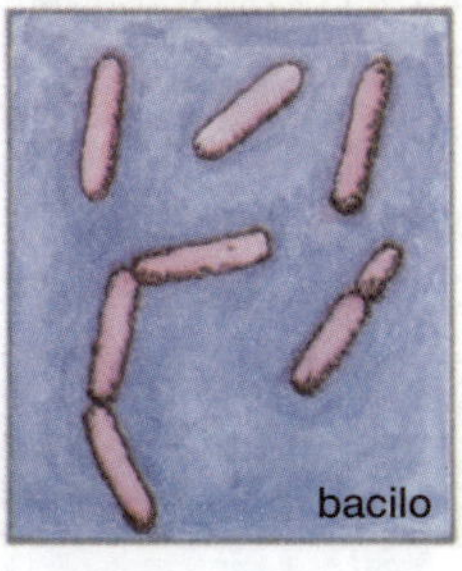

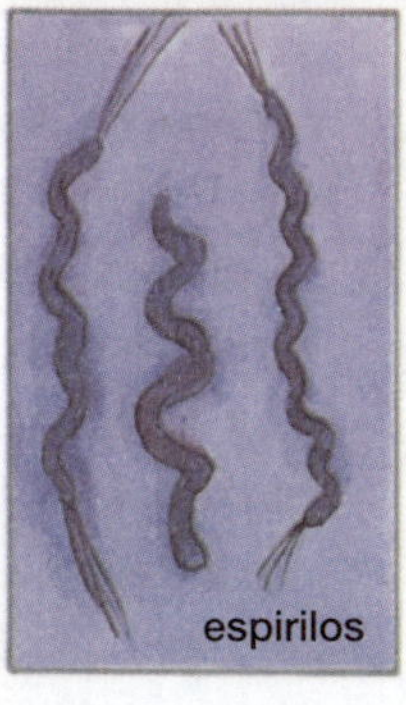

Exemplos de doenças causadas por bactérias	
Doença	***Agente transmissor***
Botulismo	*Clostridium botulinim*
Tétano	*Clostridium tetanus*
Febre tifoide	*Salmonella thyphi*
Pneumonia	*Streptoeoccus pneumonie ou Diplococcus pneumonie*
Gonorreia	*Neisseria gonorrheae*
Sífilis	*Treponema pallidum*
Tuberculose	*Mycobacterium tuberculosis*
Meningite epidêmica	*Neisseria meningitidis*

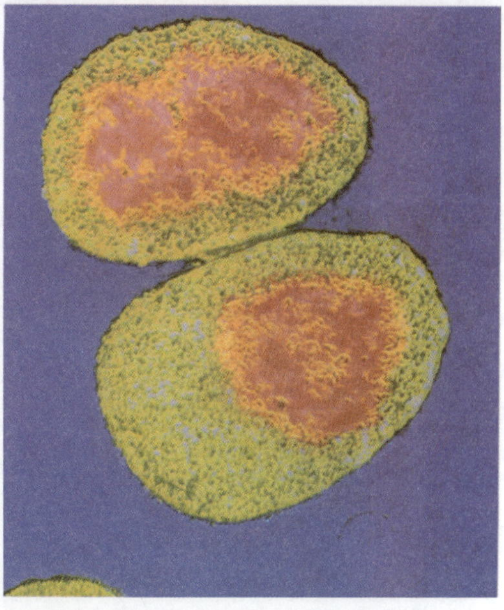

Uma forma muito comum de bactéria é o coccus.

Os protozoários também são unicelulares. Porém, comparados com os vírus e as bactérias, podem ser considerados seres bastante complexos. Afinal, eles possuem uma sofisticada organização interna, possível graças a compartimentos como o núcleo e as mitocôndrias. Esses compartimentos são responsáveis por funções bem diferenciadas: o núcleo é o centro coordenador da célula, enquanto as mitocôndrias são responsáveis pela respiração celular, que transforma os alimentos em energia.

Os protozoários, assim como as bactérias, podem ser encontrados nos mais diversos ambientes. Muitos deles produzem doenças que ainda hoje são responsáveis por um grande número de mortes e vários problemas de saúde em uma parcela significativa da humanidade. Entre esses protozoários estão o *plasmodium*, causador da malária, moléstia que a cada ano mata cerca de 1 milhão de pessoas em todo o mundo, e o *Tripanosoma cruzi*, causador da doença de Chagas.

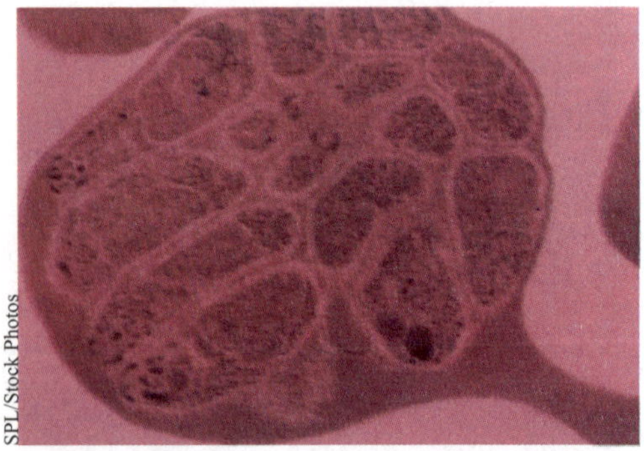

SPL/Stock Photos

Plasmodium

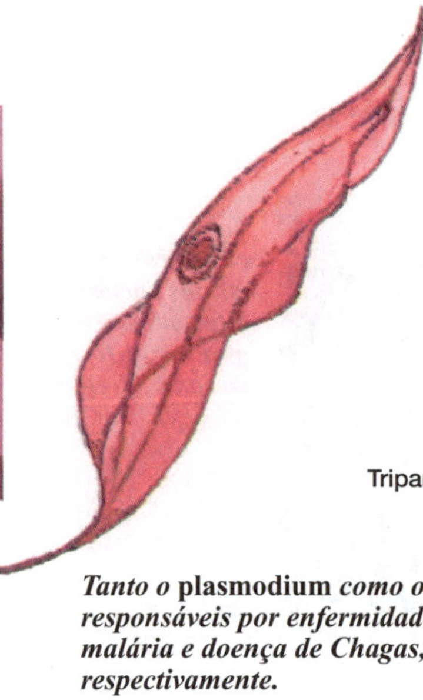

Tripanossoma

Tanto o* plasmodium *como o* T. *cruzi são responsáveis por enfermidades graves: malária e doença de Chagas, respectivamente.

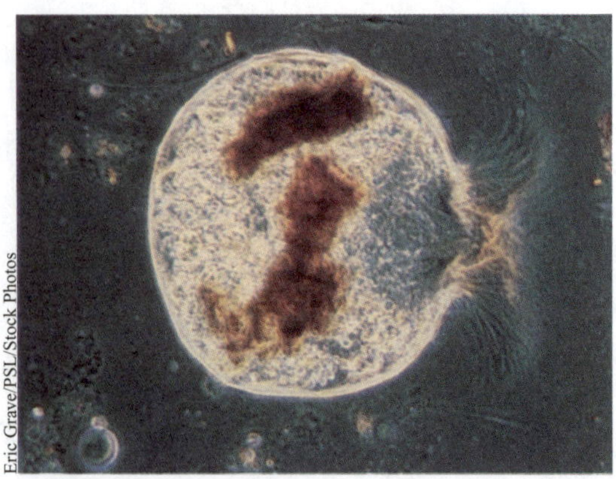

Eric Grave/PSL/Stock Photos

Barbulanympha ufalula, ***protozoário encontrado em água doce.***

Existe uma afinidade muito grande entre os vírus, as bactérias ou os protozoários (parasitas) e o organismo que eles invadem (hospedeiro) e no qual passam a viver. É comum, inclusive, que um micro-organismo tenha "preferência" por determinado órgão ou por um tipo particular de célula do organismo. O vírus da gripe, por exemplo, parasita preferencialmente as células das vias respiratórias. Já o meningococo é encontrado nas meninges, um tecido que envolve o cérebro e a medula espinhal.

Maiores infecções por protozoários no homem			
Doença	***Agente***	***Números de infectados***	***Óbitos anuais***
Malária	*Plasmodium*	300 milhões	1 milhão
Chagas	*Tripanosoma cruzi*	20 milhões	60 mil
Tripanossomíases africanas	*Tripanosoma*	1 milhão	5 mil

Adaptação

Existem muitos micróbios que, em vez de serem destruídos pelas defesas do organismo, vivem em harmonia com ele. Esse é o caso das bactérias que vivem sobre nossa pele. Em cada centímetro quadrado da pele de nosso rosto podemos encontrar até 200 mil bactérias.

Um outro exemplo ainda mais curioso é o das bactérias intestinais. Imagine que o nosso intestino pode abrigar até 1 trilhão de micro-organismos, que, se pesados, podem chegar a 1,5 kg.

Como isso é possível?

No caso das bactérias do intestino a resposta é que esses micro-organismos são exclusivos de nosso intestino, onde estão plenamente adaptados. Se fossem transferidos para uma outra parte do corpo, duas coisas poderiam ocorrer: ou eles não conseguiriam sobreviver nesse novo ambiente ou passariam a se reproduzir de maneira descontrolada, causando-nos problemas.

A adaptação entre os organismos é um processo relacionado à própria história das espécies envolvidas. Constitui, portanto, um processo muito lento, que se estende por muitos milhares de anos e leva muitas gerações para se concretizar.

Podemos dizer que, quanto mais longo o contato entre um parasita e um hospedeiro, mais harmoniosa é a relação entre eles. Por outro lado, quanto mais recente for o contato, mais doentia é a relação. Podemos perceber essa verdade quando um novo parasita entra em contato com a espécie humana.

O vírus causador da gripe espanhola, por exemplo, só em São Paulo, durante dois meses do ano de 1918, causou a morte de mais de 6 mil pessoas. E vitimou, no mundo inteiro, entre 1917 e 1920, mais de 20 milhões de indivíduos.

Bactérias intestinais
Bifidobacterium
Bacterioides
Eubacterium
Streptococcus
Escherichia
Laclobacilos
Clostrídio

A quantidade e a variedade dessas bactérias intestinais mudam com a idade. Uma criança recém-nascida tem maior quantidade de lactobacilos do que um adulto.

Capítulo 4 Um sofisticado sistema de defesa

Barreira física

Para nos defender de tantos perigos, contamos com o incansável trabalho de um sofisticadíssimo sistema de defesa, que envolve células, tecidos, produtos químicos e cuja finalidade é identificar e destruir tudo aquilo que é estranho ao organismo. É graças a esse sistema que na maioria das vezes nem sequer percebemos que fomos atacados por inimigos microscópicos.

O primeiro obstáculo a ser vencido pelos micro-organismos invasores é uma barreira física, representada pela pele. A pele é revestida por uma camada de células mortas, impermeável e muito resistente, que é praticamente impenetrável quando íntegra.

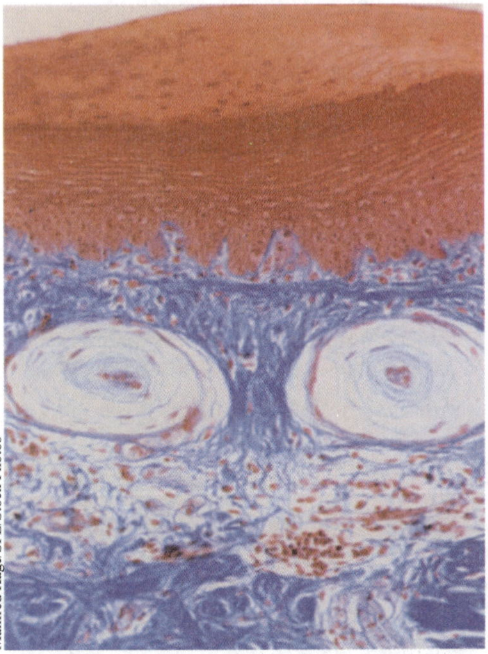

Manfred Kage/SPL/Stock Photos

As células da pele formam uma estrutura muito compacta, em vermelho, constituindo uma barreira intransponível para os micro-organismos.

Embora muito eficiente, a barreira representada pela pele tem alguns inconvenientes. Em primeiro lugar, ela não é contínua. Ela não existe, por exemplo, nas aberturas e cavidades do corpo (boca, tubo digestivo, ânus, vias respiratórias, órgãos genitais, ouvidos e olhos).

Nesses locais há um contato permanente entre as células do organismo e o ambiente. Esse contato é indispensável pois sem ele não poderíamos, por exemplo, respirar, nem comer, nem eliminar fezes, urina e substâncias tóxicas produzidas pelas células. Nesses locais, os micro-organismos encontram uma porta de entrada para o corpo.

Além dessas aberturas naturais, outras se formam quando sofremos algum rompimento na pele, como um corte. E nesses pontos os micro-organismos também penetram o corpo. Um desses micro-organismos é o clostrídio, o bacilo causador do tétano, uma doença grave que, se não for tratada a tempo, pode causar a morte.

Barreira química

Contra os inimigos que conseguem vencer a barreira física, o organismo tem armas mais enérgicas: as barreiras químicas, por exemplo. Constantemente estamos liberando, na saliva, no suor e em outras secreções do corpo, substâncias químicas que destroem micro-organismos. Essas substâncias agem de maneira inespecífica, ou seja, combatem qualquer micróbio que entre em contato com elas.

A lágrima, por exemplo, contém lisozima, um composto que mata bactérias. O leite humano é rico em ferrolactina, um composto com grande afinidade por ferro. A ferrolactina liga-se aos átomos de ferro livres. Como o ferro é um elemento fundamental para o funcionamento das bactérias, estas não conseguem se desenvolver no intestino do bebê e assim não causam infecções. No entanto, toda vez que as células da criança necessitam de ferro, este é facilmente liberado pela ferrolactina.

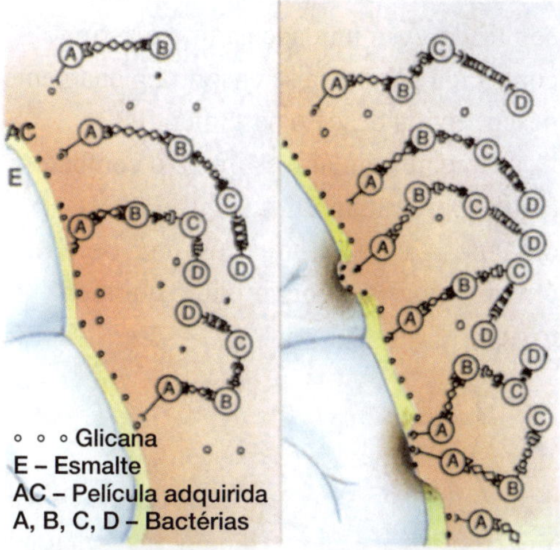

A formação da cárie.

Na saliva, além de ferrolactina e lisozima, há também uma outra substância, a bacteriolisina. Essa substância é fabricada sempre numa mesma quantidade pelas células da boca. Além disso, tem uma característica interessante: reage quimicamente com o açúcar. Dessa forma o açúcar não pode ser utilizado pelas bactérias. No entanto, se ingerirmos açúcar acima da quantidade de bacteriolisina fabricada, o excesso permanecerá na boca e servirá de alimento a bactérias causadoras da cárie.

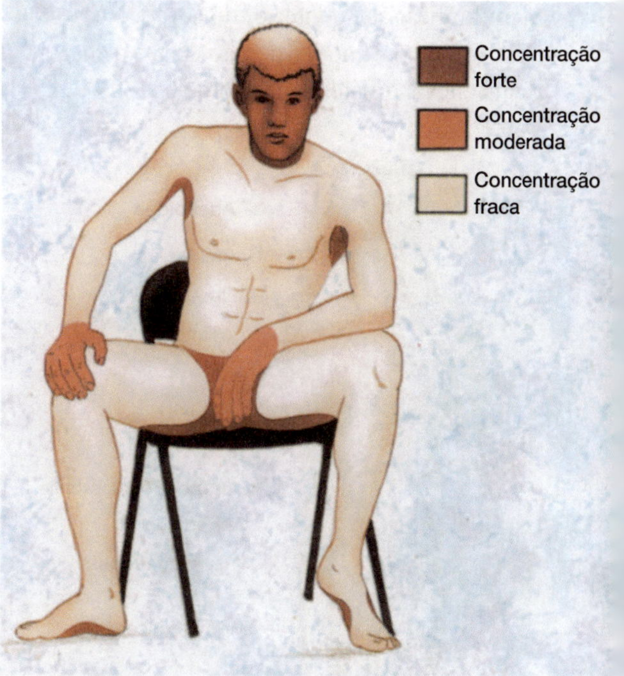

As bactérias em nosso corpo.

Em todas as outras cavidades e aberturas do corpo existem barreiras químicas semelhantes às que descrevemos. Elas servem para eliminar, ou pelo menos controlar, até parasitas que não são microscópicos, como é o caso dos vermes intestinais.

Capítulo 5

Quando as barreiras falham

Apesar de a pele e as secreções serem muito eficientes no combate aos seres microscópicos, alguns ultrapassam essas barreiras e passam a multiplicar-se no interior do corpo. Nesses casos, o organismo lança mão de sua arma mais eficaz: o sistema imunológico.

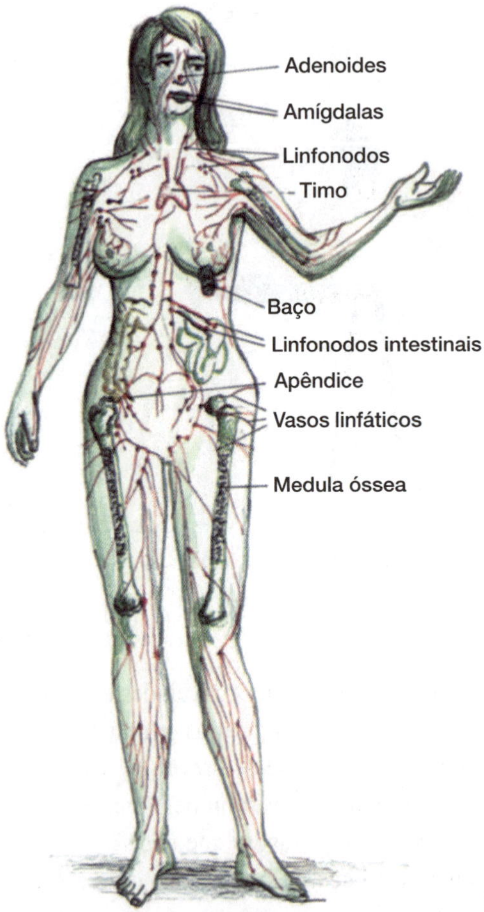

O sistema imunológico.

Quando funciona bem, esse sistema garante imunidade, que é a capacidade de reagir resistindo ao ataque de agentes invasores.

Os agentes invasores podem ser micróbios patogênicos, substâncias tóxicas ou até células alteradas do próprio organismo.

O sistema imunológico é formado por células que podem atuar de duas maneiras diferentes. Na primeira, as células do sistema imunológico agem diretamente sobre os agentes nocivos, configurando a chamada *imunidade celular*. Na segunda, denominada *imunidade humoral*, as células produzem substâncias que inativam, a distância, os invasores.

A ação do sistema imunológico também costuma ser classificada em natural e adquirida. A imunidade natural é assim conhecida porque já se encontra plenamente desenvolvida desde o nascimento. É basicamente celular e estimula o combate a qualquer "estranho" que invada o organismo, seja ele um vírus, uma bactéria, um protozoário ou um produto químico tóxico.

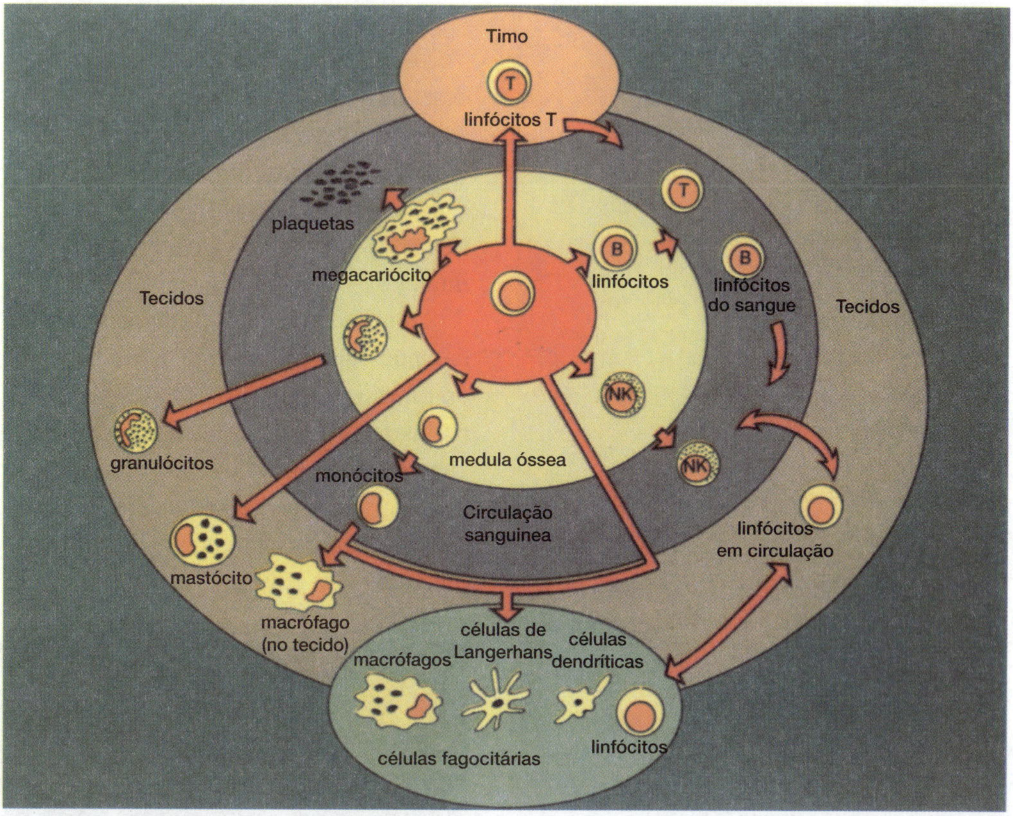

A origem das células do sistema imunológico.

A imunidade adquirida desenvolve-se gradualmente ao longo de nossa vida, conforme entramos em contato com os vários antígenos do ambiente à nossa volta. Nesse caso, o combate a esses antígenos é mediado por um conjunto específico de células do sangue, os *linfócitos*, que se utilizam, entre outras armas, dos anticorpos.

Para entendermos como funcionam esses vários tipos de imunidade, vamos imaginar que, ao descascar uma laranja, uma pessoa corte acidentalmente o dedo. No mesmo instante, micróbios presentes na lâmina da faca e no ambiente começam a penetrar em seu organismo.

No interior do corpo, os micro-organismos encontram um ambiente ideal para se reproduzir e, rapidamente, começam a se multiplicar. Mas a reação do organismo ao ataque também é imediata, pois a dor que a pessoa sente ao se cortar funciona como um alarme. Esse alarme atrai para o local danificado um grupo especial de células do sangue, os glóbulos brancos ou *leucócitos*.

As injúrias na pele são portas abertas para a entrada de micro-organismos.

Células do sangue

As células do sangue podem ser genericamente divididas em glóbulos vermelhos, também chamados hemácias ou eritrócitos, e glóbulos brancos *ou* leucócitos. *A função dos glóbulos vermelhos é transportar gases pelo corpo. Existem vários tipos de glóbulos brancos, que desempenham diferentes funções no sistema imunológico.*

O número de glóbulos brancos no sangue é muito diferente do de glóbulos vermelhos. Assim, em uma única gota de sangue existem aproximadamente 5 milhões de hemácias e 7 mil leucócitos. Ou seja, há cerca de setecentas vezes mais hemácias do que leucócitos.

Hemácias e leucócitos se originam de células existentes na medula óssea.

Os glóbulos brancos

Célula	*% no sangue*	*Função*
Neutrófilos	*62,0*	*Fagocitar bactérias.*
Eosinófilos	*2,3*	*Fagocitar complexo antígeno-anticorpo.*
Basófilos	*0,4*	*Liberar histamina.*
Monócitos (macrófagos)	*5,3*	*Fagocitar. Apresentar antígeno*
Linfócitos	*30,0*	*Imunidade adquirida.*

(Extraído de Guyton, Tratado de fisiologia humana, 8ª edição, 1992.)

Os muitos tipos de glóbulos brancos desempenham várias funções, todas associadas ao sistema imunológico. Para facilitar nossa descrição, vamos dividir os leucócitos em apenas dois grupos: os fagócitos (ou células fagocitárias) e os linfócitos.

Os fagócitos são os principais agentes da imunidade celular. São assim chamados porque fagocitam, isto é, "comem" todos os "agentes estranhos" que encontram. Uma vez no interior do fagócito, o micro-organismo é completamente destruído e tem seus componentes digeridos pela célula.

Francis Leroy/SPL/Stock Photos

O macrófago, em amarelo, está constantemente eliminando os invasores por fagocitose, no caso bactérias, em verde.

Já os linfócitos fazem parte da resposta imunológica adquirida, combatendo os invasores com uma estratégia mais sofisticada e mortal – a guerra química. Ou seja, os linfócitos podem produzir substâncias, como os anticorpos, que reagem exclusivamente com um tipo de micro-organismo, destruindo-o.

Capítulo 6

A imunidade natural

As células camicases

Logo após os micro-organismos invasores entrarem em nosso organismo, no nosso exemplo, através do corte feito pela faca, um alarme é ligado avisando diferentes partes do corpo que a barreira física foi ultrapassada. A dor que sentimos é um dos sinais. As células em volta da área danificada também cooperam em espalhar a notícia através de mensagens químicas.

Em consequência desse alarme, rapidamente, através do sangue, começam a chegar à área danificada as células do sistema imunológico.

Os *neutrófilos*, que podem representar quase dois terços de todos os glóbulos brancos, são as primeiras células a chegar. São os fagócitos mais vorazes do sistema imunológico. Por isso mesmo. formam a linha de frente do ataque aos invasores. Entretanto, esses ferozes soldados possuem um período de vida muito curto, de dois ou três dias apenas.

E podem morrer mesmo antes disso, caso fagocitem certo número de agentes invasores, por "queimar" toda a energia combatendo os inimigos e por acumular dentro de si as substâncias tóxicas que eles continham. Devido à característica

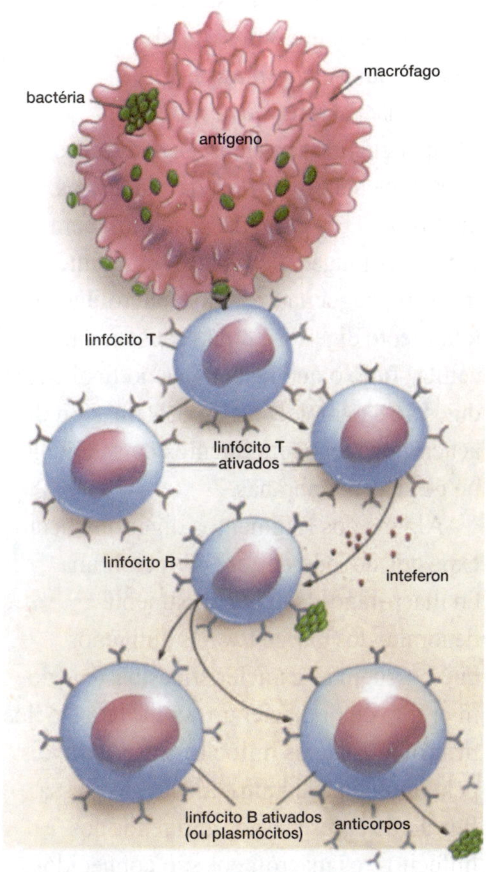

Este esquema mostra como se dá a apresentação do antígeno aos linfócitos.

de frequentemente morrer em combate, essas células são denominadas *células camicases* (nome dado por uma analogia feita com os pilotos suicidas japoneses – os camicases –, que durante a Segunda Guerra chocavam seus aviões contra seus alvos de guerra).

As células apresentadoras de antígeno

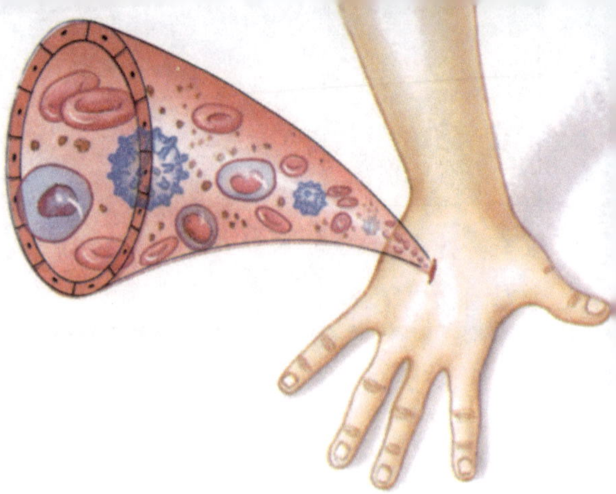

Quando ocorre um dano à pele, em qualquer lugar, são enviados sinais químicos que põem em alerta as células do sistema imunológico.

Os neutrófilos resolvem a maior parte das infecções de curta duração. No entanto, caso a infecção se prolongue por alguns dias, eles não são suficientes para bloquear a ação dos germes. Nessas circunstâncias entra em cena um outro tipo de célula fagocitária, os *macrófagos*.

Os macrófagos, que representam 8% dos glóbulos brancos, fagocitam os micróbios bem mais devagar do que os neutrófilos. Em compensação, possuem vida mais longa. Além disso, os agentes invasores fagocitados pelos macrófagos são totalmente digeridos e não causam danos à célula. Tudo o que resta deles no final dessa digestão são moléculas de proteínas ou de açúcar; pequenos fragmentos de seu núcleo ou de suas membranas.

Alguns dos fragmentos digeridos ficam expostos do lado de fora da membrana do macrófago e são genericamente denominados *antígenos*. Os antígenos, que possuem as características básicas do micróbio de onde vieram, são levados pelos macrófagos até os linfócitos, responsáveis pela imunidade adquirida. Devido a essa função de apresentar os antígenos aos linfócitos, os macrófagos são conhecidos como *células apresentadoras de antígenos*.

Geralmente, a reação do sistema imunológico a uma invasão de micróbios (resposta imunológica), como a de nosso exemplo, se encerra nessa etapa, com a maioria das bactérias mortas devido à ação dos glóbulos brancos fagocitários. No local, às vezes fica um pouco de pus, que é justamente uma mistura de micro-organismos e glóbulos brancos mortos.

Caso o corte tenha sido pequeno, ocorrerá cicatrização em poucos dias. No entanto, se a cicatrização demorar, outros problemas poderão surgir. Afinal, os primeiros micro-organismos só puderam penetrar no corpo porque encontraram uma abertura na barreira física representada pela pele. Portanto, se o corte permanecer aberto, continuará existindo uma porta de entrada para os micróbios.

É por esse motivo que devemos limpar muito bem qualquer ferimento, passando sobre ele alguma solução bactericida, como mercurocromo ou água oxigenada. Em certos casos é aconselhável manter o corte protegido com um curativo.

A ignorância desses pequenos cuidados já levou muitas pessoas à morte. Uma infecção prolongada produz destruição dos tecidos infectados, situação comumente conhecida como gangrena. Quando a gangrena compromete de maneira irreversível um membro, este deve ser retirado. Se isso não for feito, a infecção que provocou a gangrena pode espalhar-se por todo o organismo (septicemia), levando a pessoa à morte.

Capítulo 7

A imunidade adquirida

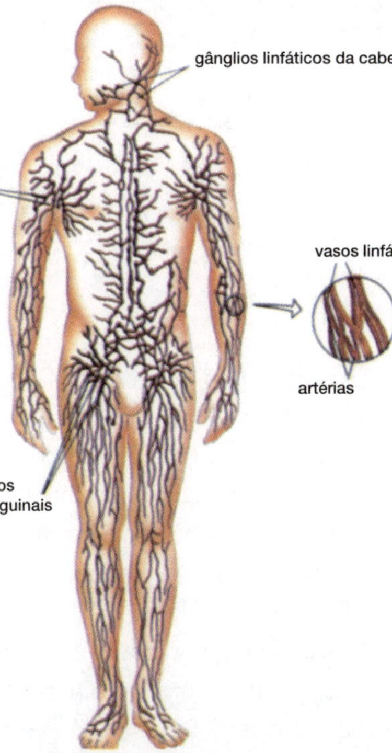

O sistema linfático é um sistema de vasos de fundo cego que percorrem todo o organismo.

Uma infecção prolongada exige um combate mais especializado. Nesse caso entra em cena o segundo tipo de proteção imunológica oferecido pelo organismo, a *imunidade adquirida*. Os principais protagonistas desse tipo de imunidade são os *linfócitos*.

Eles possuem uma característica muito particular: cada linfócito tem, desde sua origem, a capacidade de reconhecer especificamente certo tipo de antígeno – isso antes mesmo de ter o primeiro contato com ele.

Os linfócitos, assim como todas as outras células do sangue, são originados a partir de um mesmo tipo celular, as *steam cells*. Em indivíduos adultos, essas células são encontradas, principalmente, na medula óssea. Acredita-se que o linfócito B possa se diferenciar na própria medula, enquanto o linfócito T necessita passar pelo timo (uma glândula localizada entre os pulmões), para concluir seu amadurecimento.

Uma vez maduros, os linfócitos ficam parte no sangue e parte nos *linfonodos*, que estão ligados entre si por um sistema de canais, os chamados vasos linfáticos.

Além de servir para produzir e armazenar linfócitos, o sistema linfático tem como função retirar o excesso de líquido presente nos tecidos e devolvê-lo à corrente sanguínea.

Os anticorpos

Você já viu que, depois de fagocitar alguns micróbios e digeri-los, os macrófagos começam a circular pelo corpo, levando, expostos na membrana, os antígenos. Depois disso, passam para os vasos linfáticos e atingem os linfonodos. Nesse local eles entram em contato com os linfócitos T auxiliares, também chamados T4 ou CD4.

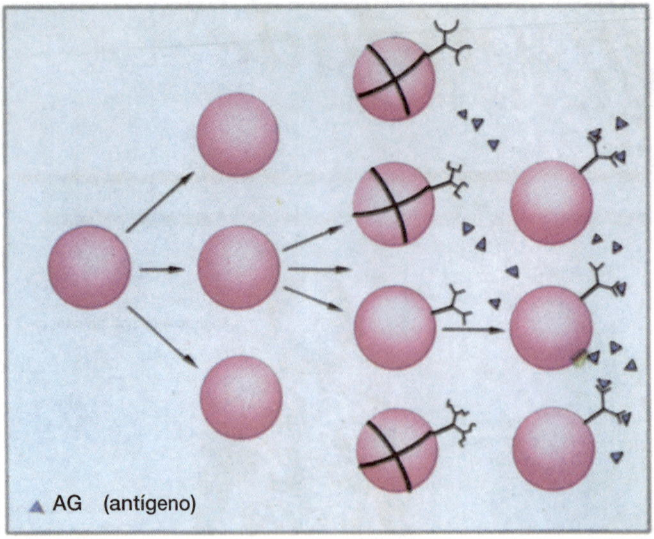

Cada anticorpo reconhece um único antígeno. Essa especificidade é dada pela forma da molécula do anticorpo. O sistema funciona como um sistema de chave e fechadura.

Existe um tipo de linfócito T4 para cada tipo de antígeno. Quando um linfócito T4 encontra o antígeno o qual foi "encarregado" de combater, imediatamente o antígeno é reconhecido e o linfócito se ativa, passando a se reproduzir e originando um clone celular.

Nessa altura, o processo de imunidade exige a entrada de um outro personagem: os linfócitos B.

Como no caso dos T4, também há um tipo de linfócito B específico para cada tipo de antígeno existente, necessitando encontrar o antígeno contra o qual ele foi produzido para ser ativado. Após a ativação, o linfócito B gera um clone de células capaz de reconhecer um mesmo antígeno. A novidade aqui é que o linfócito B, para se ativar, necessita da presença do linfócito T4, pois é este que irá organizar, dimensionar e orquestrar a resposta contra o antígeno em questão. Esse controle se dá através de mensagens químicas que induzem respostas em outras células do sistema imunológico. Essas mensagens, as interleucinas, são popularmente conhecidas como interferon.

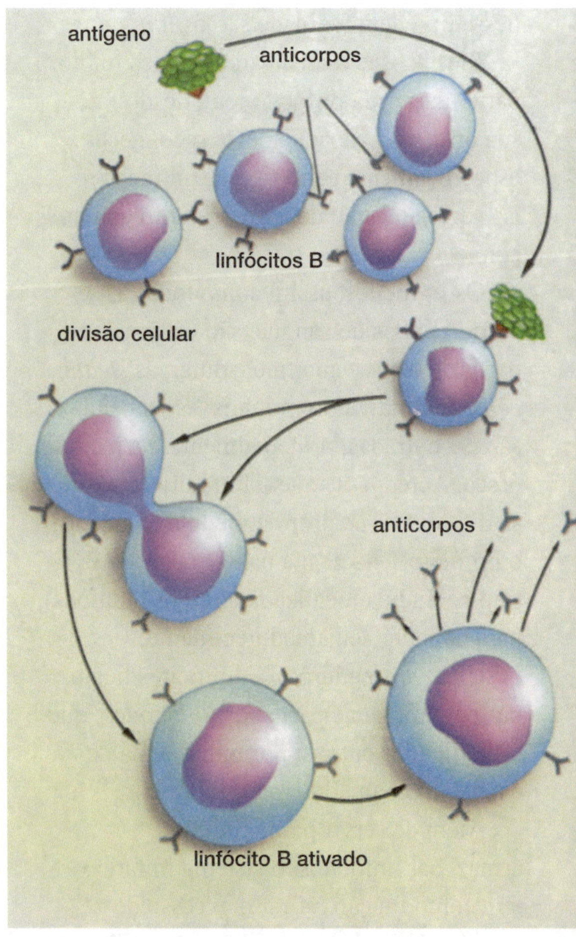

Os linfócitos B só se ativam quando reconhecem o seu antígeno.

Em pouco tempo, após a ativação dos linfócitos, o sangue e os linfonodos se enchem de linfócitos T auxiliares e linfócitos B, ambos capazes de reconhecer o mesmo antígeno. Os linfócitos B passam a armazenar nutrientes e crescer, sendo então denominados *plasmócitos*.

Os plasmócitos começam logo a produzir em grande escala os receptores que permitem reconhecer o antígeno. Esses receptores passam a ser eliminados para fora da célula e, uma vez na corrente sanguínea, são chamados *anticorpos*.

Aqui é bom lembrar que quando falamos em antígeno não estamos nos referindo a um micróbio inteiro, já que este é transformado em centenas de fragmentos pelos macrófagos. Cada um desses fragmentos será um antígeno para o qual haverá um anticorpo específico produzido por um dos clones de linfócito B.

Todo o processo que se inicia com a apreensão do antígeno pelo macrófago e termina com a produção de anticorpos pelo linfócito B demora em média uma semana.

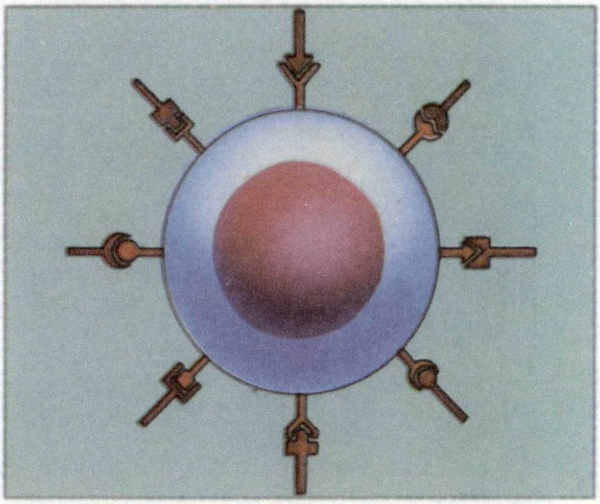

Cada parasita apresenta milhares de antígenos, sendo que cada antígeno é reconhecido por um anticorpo diferente.

O sistema do complemento

Os anticorpos não destroem os antígenos diretamente. Sua função é reconhecer os antígenos e ligar-se a eles de maneira irreversível, formando um conjunto chamado *complexo antígeno-anticorpo*. Dessa forma "marcam" os invasores, que passam a ser facilmente identificados pelo sistema imunológico. Lembre que inicialmente os antígenos fazem parte dos micro-organismos intactos.

A sinalização dos invasores aumenta a eficiência do sistema imunológico, que pode identificar com mais rapidez e precisão os micróbios a serem eliminados. A quantidade de anticorpos produzida contra um antígeno durante uma infecção é muito grande. E, sem exceção, cada micróbio circulante, responsável pela infecção, é marcado com anticorpos.

A eliminação do complexo antígeno-anticorpo é realizada de várias maneiras. Uma delas é pela ação das células fagocitárias, que você já conhece. As células fagocitárias, aliás, apresentam um apetite todo especial por células sinalizadas com anticorpos. Além disso, os micróbios marcados com anticorpos também podem ser bombardeados pelo sistema do complemento.

Esse sistema é formado por um conjunto de, pelo menos, dezoito proteínas que atuam sequencialmente, isto é, uma proteína ativa uma segunda, que por sua vez ativa uma terceira, e assim sucessivamente, até que as últimas promovem a destruição da membrana do micro-organismo, levando-o à morte.

A importância dos anticorpos nesse caso deve-se à presença de um complexo antígeno-anticorpo, que é o sinal que dispara a sequência de reações do sistema do complemento.

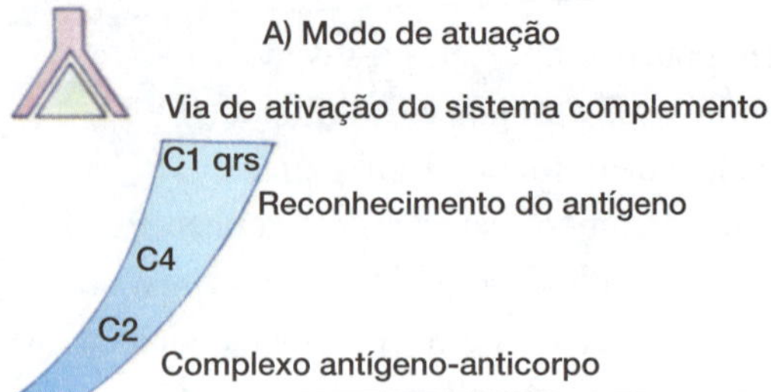

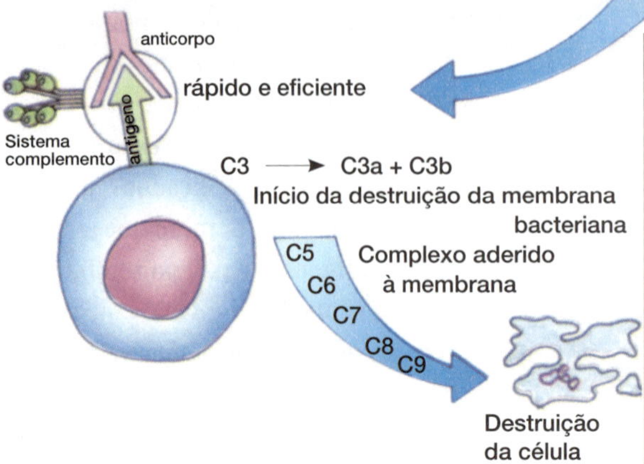

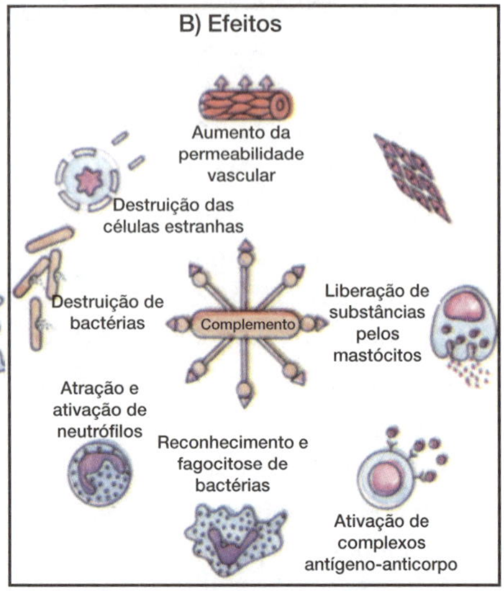

O sistema complemento é ativado por reações sequenciais que induzem a diferentes respostas do organismo.

A célula com o beijo da morte

A imunidade adquirida não utiliza apenas os anticorpos para reconhecer e eliminar os micróbios invasores. Ela usa ainda o chamado linfócito T ou célula T citotóxica.

As células T citotóxicas também possuem receptores capazes de reconhecer um antígeno específico. No entanto, o receptor não é lançado no sangue, como acontece com os anticorpos. Aqui, o papel dele é ligar a célula T citotóxica ao invasor, que pode ser, por exemplo, uma bactéria.

Quando a célula T citotóxica une seu receptor aos antígenos presentes na membrana do invasor, as duas células ficam praticamente coladas. Esse "beijo" que une as duas membranas é mortal para o micróbio: ele estimula a célula T citotóxica a eliminar substâncias que rompem a membrana da célula invasora, ocasionando sua morte.

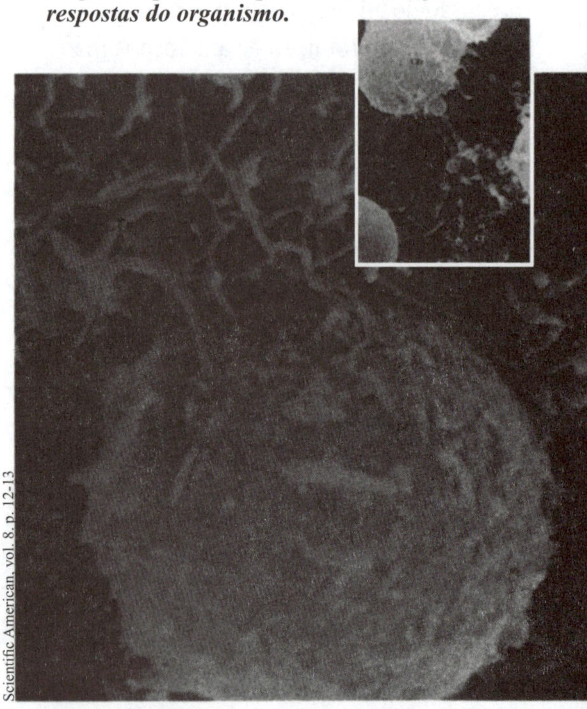

Scientific American, vol. 8, p. 12-13

O beijo da morte.

Capítulo 8

Quando parar?

Após uma semana de combate à infecção, o sistema imunológico encontra-se em plena atividade. Pelo menos três tipos diferentes de "soldados" foram convocados para a "guerra": os fagócitos, os anticorpos e os linfócitos T citotóxicos. Na maioria dos casos, isso é suficiente para que, em duas ou três semanas, todos os invasores tenham sido eliminados.

E o que acontece com todo o exército de células mobilizado para combater a infecção quando esta se acaba?

Para resolver esse problema existe um tipo particular de linfócito T, o chamado linfócito T supressor ou T8. Ao contrário dos outros linfócitos, o T8 só aparece no sangue quando os antígenos deixam de estar presentes na circulação. Passa, então, a emitir um sinal químico que inibe a atividade e a reprodução dos linfócitos B e T auxiliares. Com isso a produção de anticorpos diminui rapidamente, até parar por completo.

A memória imunológica

Seria de esperar que, com a inibição tanto da atividade como da reprodução dos vários tipos de linfócitos pelas células supressoras ao final de uma infecção, acabassem os recursos de nosso sistema imunológico. Porém não é bem isso o que acontece.

Terminada uma infecção, um pequeno número de linfócitos B, T auxiliares e citotóxicos que combateram o micróbio causador da doença (ou agente patogênico) perdem algumas de suas funções e se transformam em células de memória.

Os linfócitos B de memória, por exemplo, deixam de eliminar os anticorpos.

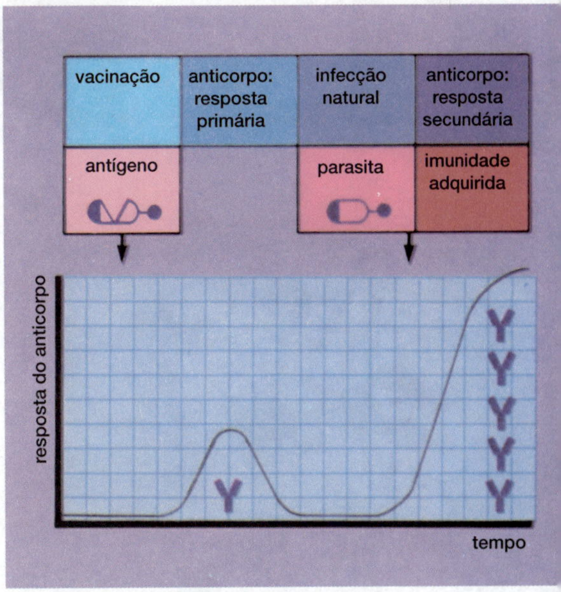

Fases de uma resposta imunológica.

A importância das células de memória está relacionada com as infecções recorrentes, pois em uma segunda infecção o processo de formação de anticorpos será praticamente instantâneo. Isso fornece ao organismo uma imunidade permanente contra a maioria dos micróbios que já o atacaram uma vez.

É graças a essa imunidade que uma pessoa que sofreu de uma doença infecciosa raramente torna a pegar a mesma doença. Assim, por exemplo, quando um desses micróbios, como o vírus da caxumba, entra pela segunda vez no mesmo organismo, as células de memória são imediatamente acionadas. Em poucas horas o organismo já está combatendo o agente invasor com anticorpos, células T citotóxicas e células fagocitárias. Como resultado, a doença nem chega a manifestar-se ou aparece bem mais branda do que da primeira vez.

Em certas viroses, como as gripes, porém, a atuação das células de memória não pode ser tão eficaz. O motivo é simples: os vírus que provocam essas doenças mudam muito rapidamente a composição das partes que integram sua identidade química. E a cada uma dessas "mudanças de identidade" do vírus o sistema imunológico precisa começar do zero sua reação ao invasor. Assim, o invasor tem tempo de multiplicar-se e provocar a moléstia.

Apesar disso, a memória imunológica é a última e talvez a mais fantástica arma de nosso sistema imunológico. São os princípios da memória imunológica que estão na base de nossos conhecimentos sobre vacinação.

Quando o sistema imunológico funciona bem e resolve os problemas temos crianças alegres e felizes.

Capítulo 9

Um pouco sobre a história das vacinas

O aspecto mais importante de uma vacina é sua capacidade de imunizar, ou seja, de tomar as pessoas imunes, protegidas contra uma doença. Segundo consta, o termo origina-se do latim, do tempo do Império Romano, e refere-se a estar *immunis* (livre) do serviço militar.

A única maneira de uma pessoa se tomar imune a um dado antígeno é através do contato do seu sistema imunológico com esse antígeno.

Desde os tempos mais remotos, existem relatos de tentativas de imunizações de pessoas ou mesmo de populações. A título de ilustração, cabe ressaltar os relatos de que chineses inoculavam, em pessoas sadias, um extrato de feridas de varíola proveniente de pessoas doentes. O princípio é o de combater o mal com o próprio mal. O problema era que, apesar de em muitos casos a prática dar bons resultados, em outros as pessoas adquiriam a doença e muitas morriam. O fato de encontrarmos relatos dessa prática por volta de 1000 a.C. nos indica que ela já era conhecida anteriormente.

A imunização é uma prática conhecida há muito tempo pelos chineses.

23-79 a.C.	1500	1796	1885
O pensador romano Plínio sugere que o fígado de cães raivosos oferece proteção contra a raiva. 	Chegam á Europa relatos de que os asiáticos utilizavam, com sucesso, casca de feridas de varíola para imunizar seres humanos contra essa doença.	O médico britânico Jenner utiliza o vírus da varicela bovina para imunizar seres humanos contra a varíola.  Edward Jenner	Louis Pasteur desenvolve a v contra a raiva.  Louis Pasteur

1930	1940	1955-1960
Produção de vacinas contra a febre amarela e a difteria. 	Desenvolvimento de vacinas contra tosse comprida e gripe espanhola.	Salk e Sabin desenvolvem diferentes vacinas contra a poliomielit  Jonas E. Salk  Albert B.

Outro exemplo curioso de imunização é encontrado entre algumas tribos africanas. Nessas culturas, os caçadores são submetidos a um ritual em que recebem um extrato contendo glândulas de veneno de cobras devidamente secas e moídas. A prática é feita de tal maneira que o caçador vai tomando doses cada vez maiores ao longo do seu crescimento. É importante ressaltar que esse é o mesmo procedimento que utilizamos hoje para a produção de soros. Em muitos casos as pessoas se tornam imunes ao veneno de cobras.

Desde 1902, o Instituto Butantã produz soro para todo o Brasil.

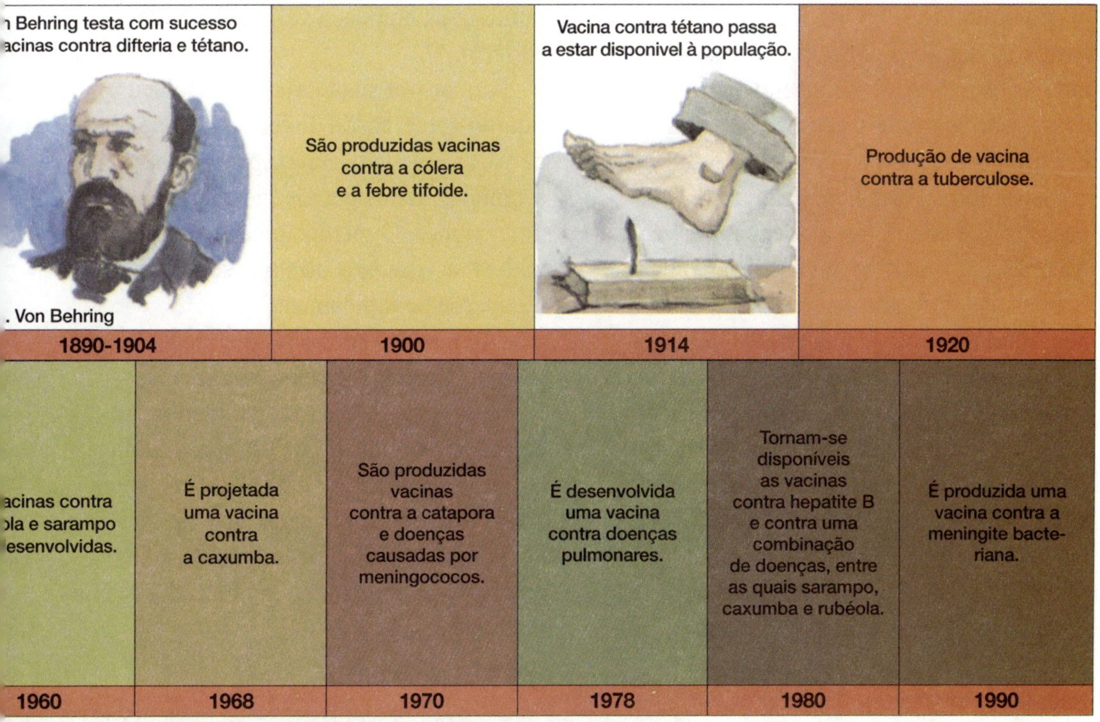

Alguns fatos importantes na história da vacinação.

O conceito prático da imunização, assim como suas vantagens, parece ter sido compreendido muito cedo na história da humanidade.

No entanto, para compreender os princípios da prática e, ainda, para dominar a técnica de produção de vacinas e de imunização a fim de que se tomasse eficaz para proteger populações inteiras, dois mistérios necessitavam ser resolvidos: primeiro, compreender que as doenças, ou pelo menos a maior parte delas, são consequência de distúrbios causados por micro-organismos patogênicos e, segundo, descobrir que, para "ensinar" um organismo a reagir e se proteger contra um patógeno, não é necessário utilizar esse patógeno em seu estado natural; ele pode ser atenuado ou, ainda, pode-se utilizar apenas uma parte do micro-organismo.

É curioso observar que, historicamente, a segunda resposta foi a primeira a ser dada. O leitor poderia se perguntar como é possível saber que um micro-organismo atenuado é melhor para imunizar se nem ao menos se sabe que os micro-organismos causam as doenças?

O fato é que foi assim, e esse é apenas mais um exemplo de como o conhecimento é produzido. Nem sempre aprendemos de forma lógica, clara e sequencial. Mas vamos à história.

Como já vimos, a varíola já atormentava os chineses havia centenas de anos. Ela é uma moléstia infecciosa grave, que provoca feridas cheias de pus na pele, causa febre altíssima e deixa o organismo fortemente abatido.

Por volta de 1700, na Europa, ocorriam surtos epidêmicos constantes dessa doença em vários países. Em consequência desses surtos, muitas pessoas morriam. Em alguns locais o número de mortos era assombroso: uma em cada duas pessoas que contraíam a doença morria. Nas pessoas que sobreviviam ficavam as marcas das feridas e a certeza de que não pegariam novamente a doença.

Por volta de 1780, uma dessas terríveis epidemias assolava a Inglaterra.

A despeito das dificuldades encontradas, como a falta de condições de trabalho devido ao grande número de pacientes, a falta de pessoal de apoio, pois ninguém queria ajudar com medo de se contaminar, e a falta de experiência, por se tratar de um médico jovem que não trabalhava na capital, um médico inglês chamado Jenner possibilitou um dos maiores avanços da medicina.

Em uma cidade do interior, em meio à epidemia e a todos os outros problemas, Jenner percebeu que um certo grupo de pessoas parecia estranhamente imune à moléstia. O mais surpreendente era que a maioria dessas pessoas eram moças que ordenhavam vacas.

Observando as moças e as vacas, ele percebeu que estas sofriam de uma doença ligeiramente parecida com a varíola. As moças tinham pequenas feridas nas mãos, e as vacas no úbero e nas patas.

Atento a esses fatos e recordando histórias contadas por outros médicos e viajantes sobre as tentativas de imunização feitas pelos chineses e por outros povos orientais, Jenner concluiu que as moças se imunizavam contra a varíola ao contrair a doença dos animais. Era uma moléstia muito mais branda, a varíola das vacas ou varicela.

Para provar sua teoria, ele recolheu o líquido que escorria de ferimentos no úbere de vacas com varicela e o passou sobre arranhões, feitos por ele mesmo, na pele de uma criança. O menino teve um pequeno mal-estar, mas, nos dias que se seguiram, recuperou-se rapidamente.

Alguns dias após a recuperação do menino, Jenner repetiu o tratamento. Porém dessa vez ele inoculou, sobre os arranhões na pele do menino, o líquido recolhido a partir de feridas de pacientes em estado muito grave de varíola. Para alegria de Jenner, e da humanidade, o menino não apresentou nenhum dos sinais da doença.

Com o trabalho do Dr. Jenner foi possível prevenir as epidemias de varíola.

Como resultado, em menos de cinquenta anos após a descoberta de Jenner, a imunização contra a varíola utilizando a varicela já era uma prática corriqueira e obrigatória na Inglaterra.

Hoje, sabemos que o vírus causador da varicela é uma variedade, naturalmente atenuada, do vírus causador da varíola.

Dois séculos depois de Jenner, a Organização Mundial da Saúde considera a varíola uma doença erradicada, extinta, em todo o mundo.

Lembramos que, na época do Dr. Jenner, não se tinha a menor ideia do que provocava a doença. Só se sabia que alguma coisa existente no líquido que escorria das feridas de varíola transmitia a doença. Passou-se meio século para se descobrir o que provocava as doenças infecciosas. E as descobertas vieram de um campo totalmente diferente da medicina – a química dos vinhos.

O genial Pasteur

Em meados do século XIX, o químico Louis Pasteur foi contratado pela indústria francesa de vinhos. O objetivo era descobrir por que, em vez de originar vinho, o fermentado de uvas muitas vezes se transformava em vinagre.

Depois de muitos estudos, Pasteur percebeu que a fermentação do vinho resultava da ação de vários tipos de micro-organismos.

Quando na fermentação de determinado vinho entravam micróbios diferentes daqueles que normalmente faziam o fermentado, o vinho se estragava.

Pasteur utilizou um método simples de evitar o surgimento de micro-organismos indesejáveis: aquecer o líquido a certa temperatura durante determinado tempo e depois resfriá-lo bruscamente – método que ficou conhecido como *pasteurização*.

Utilizamos a pasteurização para eliminar os micróbios indesejáveis de vários tipos de produtos, entre eles o leite.

Algum tempo depois, Pasteur foi convidado a investigar o que estava devastando as preciosas criações de bicho-da-seda existentes no sul da França. Novamente, o químico constatou que a *causa mortis* das larvas eram os micróbios.

Consumimos diariamente muitos alimentos produzidos à base de micro-organismos.

A partir dessas descobertas não foi difícil para Pasteur concluir que muitas doenças humanas também deviam ser causadas por micro-organismos. Para comprovar suas ideias, o químico elaborou muitos experimentos. Um deles consistia em isolar micróbios encontrados em pessoas ou animais doentes e fazê-los reproduzir-se em laboratório, numa espécie de "caldo nutritivo". Esses micróbios crescidos fora do corpo do doente eram então inoculados em um animal sadio, no qual se reproduziam os sintomas da doença original.

Devido a esses experimentos, por volta de 1900 ninguém duvidava mais de que certas doenças eram causadas por micróbios. Com isso a atitude dos médicos ao analisar um paciente também mudou. Antes de Pasteur, eles diagnosticavam os distúrbios dos pacientes apenas em função de seus sintomas. Após as descobertas do químico, a preocupação básica de qualquer médico passou a ser descobrir o agente causador da doença, ou seja, seu agente etiológico.

Pasteur é um dos grandes nomes da ciência moderna. Além de suas descobertas no campo da imunologia, fez grandes descobertas também em microbiologia, medicina, química e várias outras áreas. Pasteur foi também um grande incentivador da ciência em seu país, a França.

O Instituto Pasteur, em Paris. Desde sua fundação, uma grande instituição científica.

As bases da imunidade

A contribuição de Louis Pasteur para a ciência não se limitou à determinação da origem das doenças infecciosas.

Pasteur também contribuiu de modo decisivo para tornar a imunização uma prática rotineira.

Tudo começou durante uma série de experimentos que estava realizando com a bactéria causadora da cólera nas aves (conhecida como *Pasteurella antiseptica*, em homenagem ao químico). Pasteur verificou que, quando o meio de cultura contendo os micróbios estava muito velho, ou então era aquecido, as aves inoculadas com as bactérias não contraíam a doença. No entanto, passadas algumas semanas, quando as mesmas aves foram inoculadas com *Pasteurellas* mantidas em meio de cultura novo, elas também não contraíram a cólera.

Para muitas pessoas essa sequência de fatos não significaria nada. Para Pasteur ela indicava claramente que bactérias velhas ou mortas por aquecimento ficavam inofensivas, mas serviam para produzir imunidade contra a moléstia que provocavam quando ativas e vivas.

Em homenagem ao trabalho de Jenner, Pasteur passou a chamar as bactérias atenuadas de *vacinas*, e a prática de imunização, de *vacinação* (em alusão à descoberta com a moléstia das vacas).

Até hoje o método de Pasteur é utilizado para produzir vacina contra qualquer doença infecciosa. Em primeiro lugar, descobre-se o agente que desenvolve a doença. Depois, ele é isolado e cultivado. A seguir, os micro-organismos cultivados são atenuados por diferentes processos, entre eles o próprio calor. E, pronto, está feita a vacina.

Atualmente, os cientistas estão usando novas técnicas, como a da biologia molecular, para isolar e produzir em grandes quantidades apenas o componente do micróbio necessário para o desenvolvimento da imunidade. Esse componente pode ser, por exemplo, uma proteína da membrana do micro-organismo.

No começo do século, a ideia de vacinação apavorava as pessoas. É o que podemos observar nesta caricatura de Oswaldo Cruz publicada na mesma época.

Mesmo minúsculo, esse componente funciona sensibilizando o sistema imunológico, que passa a fabricar anticorpos contra o micróbio. Então, quando a pessoa previamente vacinada entra em contato com o agente patogênico, já existem em seu organismo linfócitos T e B de memória capazes de reconhecê-lo e destruí-lo. Hoje em dia a vacinação é uma espécie de "ritual sagrado", pelo qual já passou a maioria das crianças. Graças a ele, elas ficam protegidas contra doenças como a coqueluche, a difteria, o tétano, a paralisia infantil e muitas outras.

Soros e vacinas

O final do século XIX e o início do XX foi um período de grandes avanços na medicina. Entre esses avanços estão as campanhas de vacinação e a utilização dos soros.

Entendemos por *vacina* a utilização de antígenos artificialmente processados, micróbios atenuados, por exemplo, com o objetivo de sensibilizar o sistema imunitário para que produza uma resposta específica contra esse antígeno – trata-se de uma imunidade ativa artificialmente induzida. Por soro entendemos algo bem distinto. Quando uma pessoa recebe soro contra picada de cobra, por exemplo, ela está recebendo anticorpos contra o veneno da cobra. Esses anticorpos têm tanto a capacidade de reconhecer o antígeno como de ativar o sistema imunológico. Nesse caso, como os anticorpos não são da própria pessoa, dizemos que se trata de uma imunidade passiva artificialmente adquirida.

Esquema da produção de soros e vacinas.

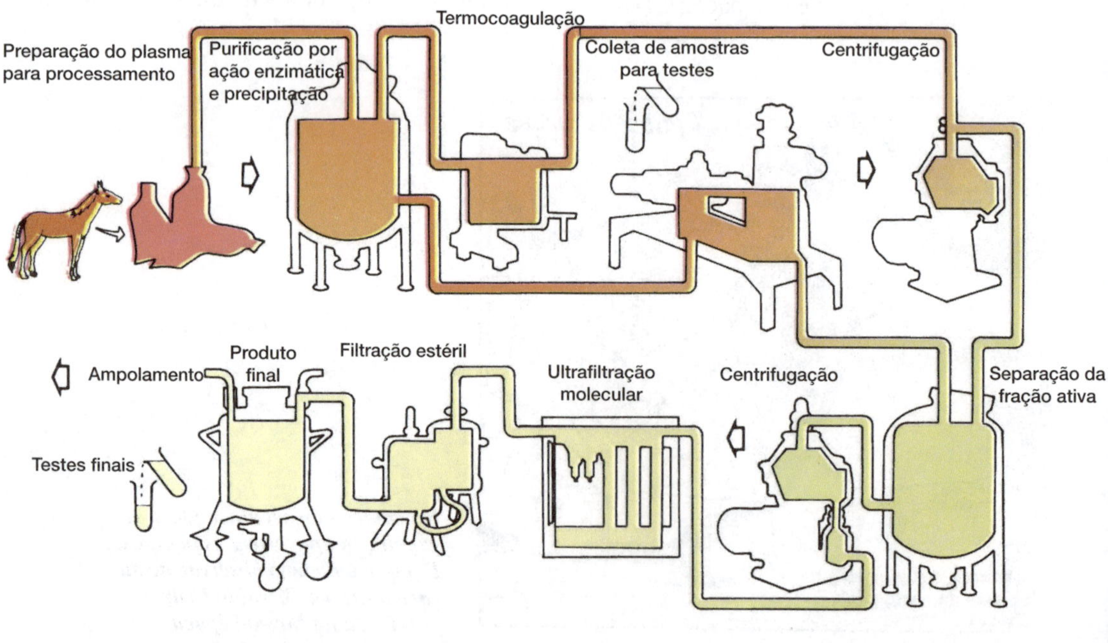

Os soros são indicados como agentes curativos, pois garantem uma resposta imediata. Já as vacinas são, via de regra, empregadas como agentes preventivos, pois são necessários alguns dias para que o organismo elabore uma resposta específica adequada a partir do momento em que entra em contato com o antígeno.

Se os soros garantem uma resposta imediata, ao contrário das vacinas, por que então não tomamos soro em vez de vacinas?

Um aspecto deve ser ressaltado. Normalmente, os soros são produzidos em animais, no cavalo, por exemplo; portanto os anticorpos são de cavalo. Apesar de esses anticorpos serem muito parecidos com os nossos, eles apresentam pequenas diferenças. Essas diferenças são suficientes para que nosso organismo reconheça os anticorpos como antígenos e desencadeie uma resposta imune contra esses anticorpos. Assim, após um primeiro tratamento com soro de cavalo, a pessoa terá anticorpos e células de memória contra os anticorpos de cavalo.

Se a mesma pessoa é tratada novamente com soro de cavalo, pode ocorrer o que chamamos *doença do soro* ou ainda, em casos extremos, um *choque anafilático*. Isso ocorre porque em uma dose de soro a quantidade de anticorpos (que para o sistema imune de uma pessoa é um antígeno) é muito grande.

Em consequência, há uma forte reação do organismo, que passa a reagir além das vias normais do sistema imunológico, com contrações musculares involuntárias, entre elas a da musculatura das vias respiratórias, levando a dificuldades de respiração. Outra reação é o aumento da permeabilidade dos vasos sanguíneos, o que ocasiona manchas vermelhas na pele, coceiras e urticárias.

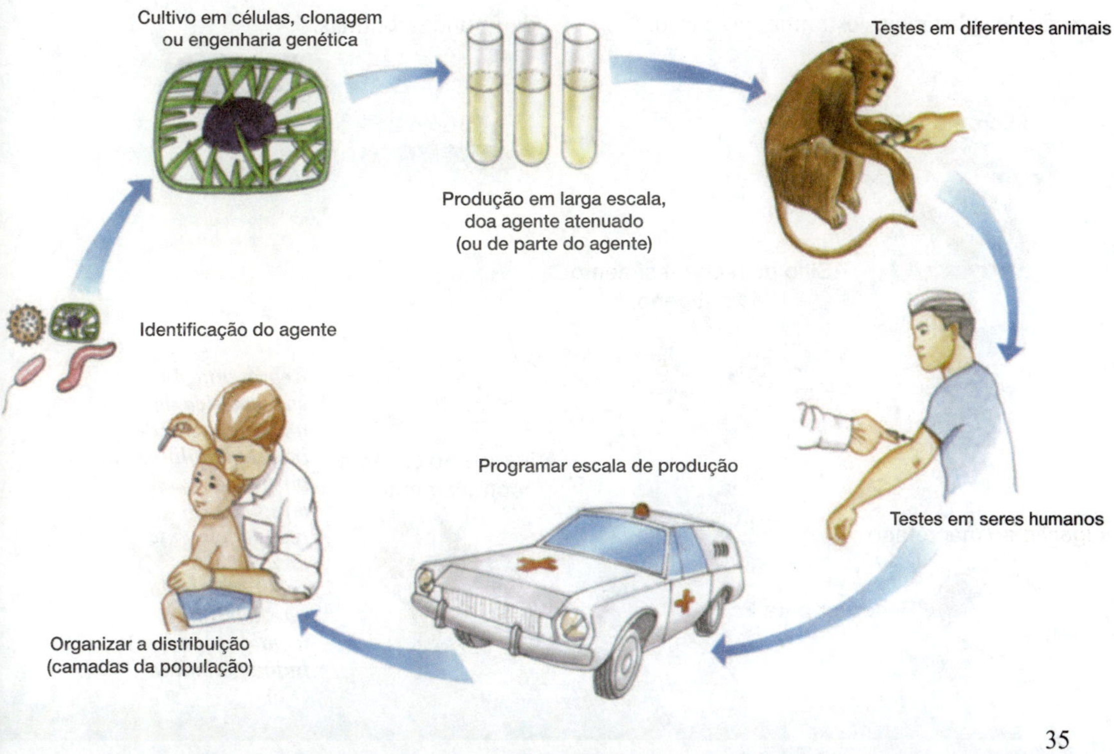

Capítulo 10

Proteção sob medida

Anticorpos

Muita gente pensa que todos os anticorpos são iguais. Na realidade, existem cinco categorias diferentes de anticorpos, que, apesar de terem uma estrutura básica muito parecida, apresentam funções distintas.

O termo *anticorpo* foi cunhado pelo médico alemão Paul Erlich, no começo do século XX, para designar os componentes do sangue que identificam e neutralizam a ação de substâncias estranhas ao corpo. No início da década de 50, essas substâncias foram identificadas e isoladas. Soube-se, então, que os anticorpos são formados por proteínas de formato globular. Elas receberam o nome de *imunoglobulinas* (Ig), termo que passou a servir como sinônimo de anticorpo. Conhecemos cinco classes de imunoglobulinas: imunoglobulinas M (IgM), G (IgG), E (IgE), A (IgA) e D (IgD).

Esquematicamente, podemos representar as imunoglobulinas como uma letra Y, em que a parte superior é responsável pelo reconhecimento dos antígenos e a parte inferior caracteriza as diferentes categorias de imunoglobulinas.

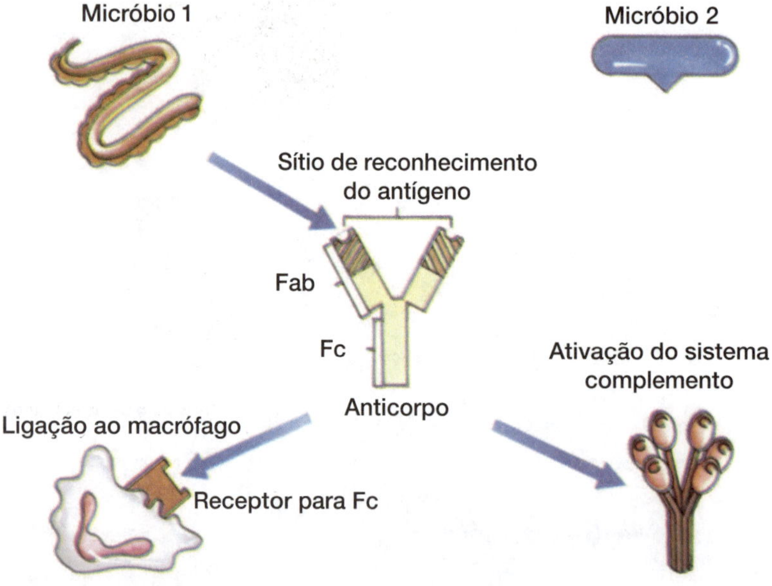

Representação esquemática de uma molécula de imunoglobulina, mostrando a região de reconhecimento do antígeno (Fab) e a região que determina a categoria de imunoglobulina (Fc).

As imunoglobulinas M apresentam a forma de uma roseta, formada a partir de cinco estruturas do tipo Y. Esse arranjo garante que cada IgM possa ligar-se a dez antígenos iguais de uma só vez.

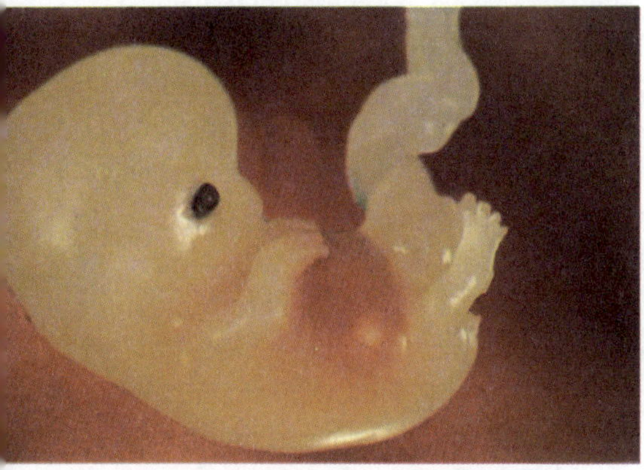

S. J. Allen/Daily T./Sigla

No útero da mãe, as IgGs constituem uma grande proteção contra as infecções de micro-organismos.

As IgMs são as primeiras imunoglobulinas a serem produzidas durante uma infecção primária. No entanto, têm uma vida média muito curta: apenas cinco dias.

Já as imunoglobulinas G constituem a maior parte das imunoglobulinas encontradas no sangue. No caso de uma infecção primária, as IgGs só aparecem na corrente sanguínea dois ou três dias após o aparecimento das IgMs. Mas, numa infecção que tenta se estabelecer pela segunda ou terceira vez – infecção secundária –, as IgGs são rapidamente produzidas e liberadas para o sangue. Essa liberação imediata das IgGs é uma das causas de não pegarmos uma mesma doença infecciosa duas vezes.

As IgGs também são importantes por serem o único tipo de anticorpo que tem a capacidade de atravessar a placenta e chegar até o bebê dentro do útero. Isso permite que os anticorpos presentes no sangue materno passem para o embrião enquanto ele está se desenvolvendo dentro da mãe. Com isso, ele fica tão protegido contra as infecções quanto ela. E, como as IgGs duram em média mais de 25 dias, essa proteção se mantém por todo o primeiro mês de vida do bebê.

As IgGs, juntamente com as IgAs que são recebidas do leite matemo e algumas barreiras químicas, constituem a única proteção de que um bebê dispõe, pois o sistema imunológico de uma pessoa só começa a funcionar efetivamente um ou dois meses após o nascimento.

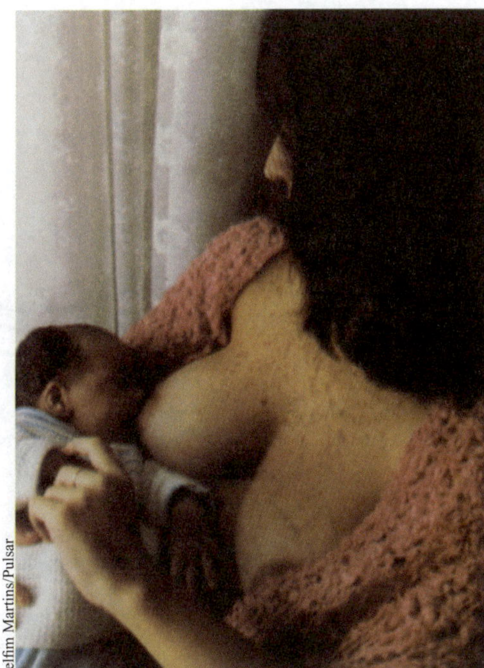

Delfim Martins/Pulsar

A amamentação garante imunidade ao recém-nascido.

Diferentemente das outras imunoglobulinas, as IgAs são anticorpos que não atuam no sangue. Elas atuam em secreções corporais como a saliva, o muco das vias respiratórias e digestivas, a lágrima e o leite. Juntamente com as barreiras químicas, as IgAs controlam a presença de microorganismos nocivos nas aberturas e cavidades do corpo.

A presença das IgAs no leite matemo é de fundamental importância para os bebês recém-nascidos. Esses anticorpos são produzidos contra uma variedade muito grande de bactérias, vermes, protozoários e vírus que um dia entraram em contato com o sistema imunológico da mãe. Assim, enquanto mamar, a criança estará protegida contra esses organismos.

Bebês alimentados com mamadeira desde os primeiros dias de vida pegam doenças intestinais e outras infecções com muito mais facilidade do que crianças que foram amamentadas no seio por alguns meses após o nascimento.

As imunoglobulinas E são anticorpos que reconhecem e combatem parasitas macrófago mastócito heparina histamina intestinais, mas também estão relacionadas com problemas alérgicos como asma e rinite.

O modo de ação das IgEs é bastante característico. Diferente de outros anticorpos, as IgEs estão fixas a algumas células do sistema imunológico: plaquetas, eosinófilos e basófilos (como células circulantes) e mastócitos (como células fixas a tecidos em diferentes órgãos).

Quando um antígeno entra em contato com as IgEs, forma-se um arranjo entre antígeno-IgE-célula do sistema imunológico – mastócito, por exemplo. Esse arranjo faz com que o mastócito passe a liberar algumas substâncias, entre as quais a histamina e a serotonina. Essas substâncias têm vários efeitos, entre eles o aumento da permeabilidade dos vasos sanguíneos e a contração da musculatura lisa (a musculatura que envolve as vias repiratória e digestiva).

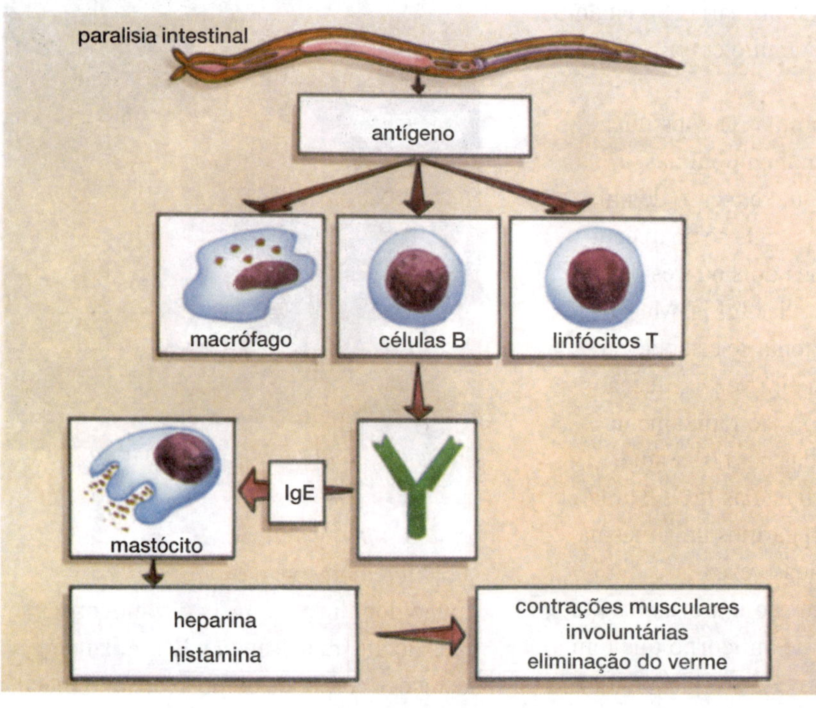

A eliminação de vermes intestinais depende da ação das IgEs.

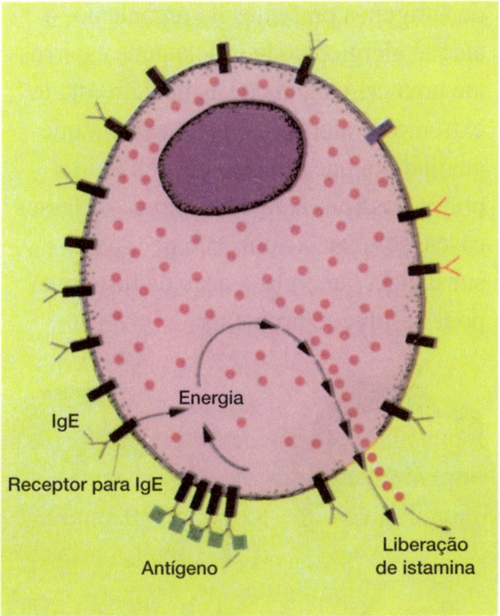

Esquema mostrando a liberação de histaminas.

A alergia é uma resposta equivocada do organismo a um determinado estímulo externo.

No caso dos parasitas intestinais, quando ocorre liberação dessas substâncias, a musculatura dos intestinos contrai-se energicamente, fazendo com que os vermes se desprendam e sejam eliminados com as fezes. O mesmo tipo de raciocínio podemos fazer para a tosse e os espirros: é o nosso corpo tentando eliminar de qualquer maneira as "coisas" estranhas das vias respiratórias.

Alergias

As alergias representam um típico caso de sistema mal regulado (nesse caso, o sistema imunológico está trabalhando demais).

No sangue de uma pessoa normal encontramos uma quantidade 20 000 vezes maior de IgGs do que de IgEs. O mesmo não ocorre no caso de pessoas alérgicas ou que apresentam uma grande quantidade de vermes intestinais. Em tais situações, a quantidade de IgGs chega a ser apenas quinhentas vezes maior do que de IgEs.

Isso acontece porque a presença no organismo de parasitas ou de substâncias que causam alergias estimula em exagero a produção de IgEs específicas pelo sistema imunológico.

No caso das alergias, quando uma pessoa entra em contato com a substância à qual é alérgica, como os ácaros encontrados na poeira doméstica e em livros, o pólen das flores ou os alimentos vindos do mar, a grande quantidade de IgEs existente no sangue estimula os mastócitos a liberarem uma elevada quantidade de histamina e de outras substâncias.

A primeira consequência disso é que os vasos sanguíneos ficam mais permeáveis, deixando escapar o líquido existente em seu interior. Isso explica, em parte, a coriza característica das rinites alérgicas e a inflamação típica de uma picada de abelha.

Outro efeito da presença maciça de histamina no sangue são as contrações musculares involuntárias dos músculos das vias respiratórias, que se traduzem em espirros, tosse e respiração difícil.

Dependendo da quantidade de IgEs e de antígenos presentes no organismo, o ataque alérgico pode ir de alguns espirros até uma crise aguda de asma. Um estado extremo de alergia é o chamado choque anafilático, que pode até levar à morte por impossibilidade de respiração. Nesses casos, somente a aplicação de uma substância que iniba a ação da histamina pode resolver o problema.

A rinite alérgica é um processo de alergia muito comum.

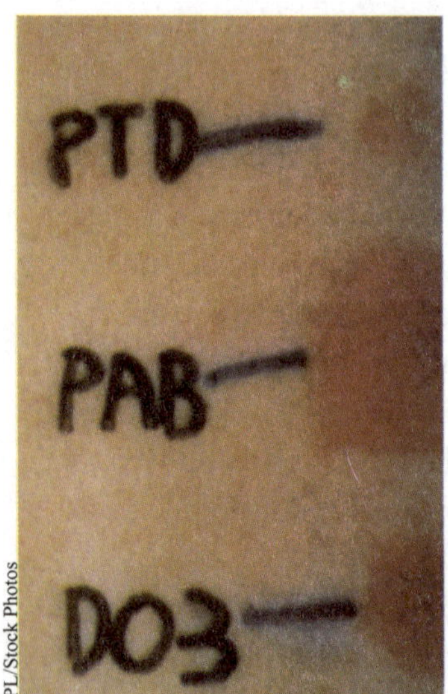

SPL/Stock Photos

Manchas avermelhadas na pele são sinais de um processo alérgico.

Conhece-se muito pouco sobre as imunoglobulinas D. Sobre elas sabe-se que estão presentes em pequena concentração no sangue de pessoas normais e que duram apenas alguns dias. Uma característica curiosa desses anticorpos é que, apesar de atuarem exclusivamente no sangue, não estimulam as proteínas do sistema de complemento. O que aumenta o mistério sobre eles: se esses anticorpos não sinalizam o antígeno para ser destruído pelo sistema de complemento, para que eles servem?

Capítulo 11

Quando as células enlouquecem

Virando a casaca

Já vimos que nosso corpo é formado por células. Qualquer alteração prolongada no funcionamento celular reflete-se no organismo como um todo e pode até causar a morte.

Às vezes, células de nosso corpo perdem o controle e passam a atuar de modo alterado. Por exemplo: começam a dividir-se com uma velocidade maior do que a habitual, passam a produzir substâncias que não produzem normalmente ou ainda deslocam-se para locais onde não costumam estar.

Essas alterações podem ser espontâneas ou dever-se à ação de produtos como o alcatrão, o metanol e muitos outros, todos cancerígenos, isto é, capazes de provocar câncer. Estamos diariamente expostos a muitos desses fatores cancerígenos. É provável que, em consequência disso, a cada dia uma ou mais células de nosso corpo "enlouqueçam" ou se desgovernem. No entanto, só muito raramente esse fato leva uma pessoa a contrair um câncer. Por quê?

Porque o sistema imunológico detecta e elimina essas células com grande rapidez. Quem faz esse trabalho, em parte, são as *natural killers* (matadoras naturais), células fagocitárias muito semelhantes aos neutrófilos e aos macrófagos. As *natural killers* possuem uma especial atração pelas células cancerosas.

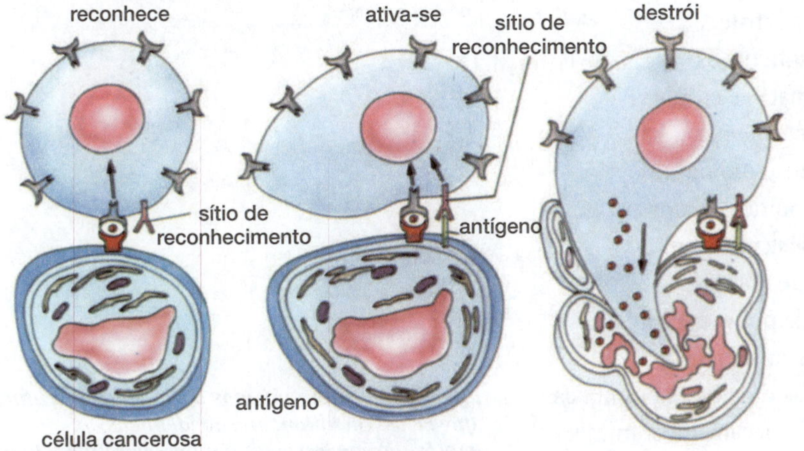

As **natural killers** *atuam fagocitando células cancerosas.*

Outras células do sistema imunológico, como os linfócitos T citotóxicos, também colaboram na eliminação de células cancerosas.

Autoimunidade: o corpo contra ele mesmo

Em determinadas situações, o sistema imunológico pode passar a reconhecer substâncias próprias como sendo estranhas ao corpo. Quando isso acontece, ele produz anticorpos denominados autoanticorpos, que reconhecem e destroem substâncias ou células do próprio corpo. As doenças caracterizadas por essa autodestruição de células ou tecidos são chamadas *doenças autoimunes*.

Algumas das doenças autoimunes mais conhecidas são a infertilidade autoimune masculina, a artrite reumatoide e a anemia hemolítica autoimune. Na infertilidade masculina o indivíduo produz anticorpos contra seus próprios espermatozoides. Na artrite reumatoide os autoanticorpos desencadeiam inflamações crônicas nas articulações. E na anemia hemolítica autoimune o indivíduo produz anticorpos contra as próprias hemácias, que são destruídas em grande número. Surge então a anemia, caracterizada por redução do número de hemácias no sangue.

Acredita-se que as doenças autoimunes surjam devido a dois mecanismos: mímica molecular e falhas no sistema supressor.

Mímica molecular

Na mímica molecular, uma substância normalmente produzida pelo organismo é "imitada" com perfeição, ou quase, por outra vinda de fora. O organismo identifica a substância estranha ao corpo como nociva e passa a destruí-la. Mas destrói também a substância pertencente ao próprio organismo, que possui semelhança com o composto estranho.

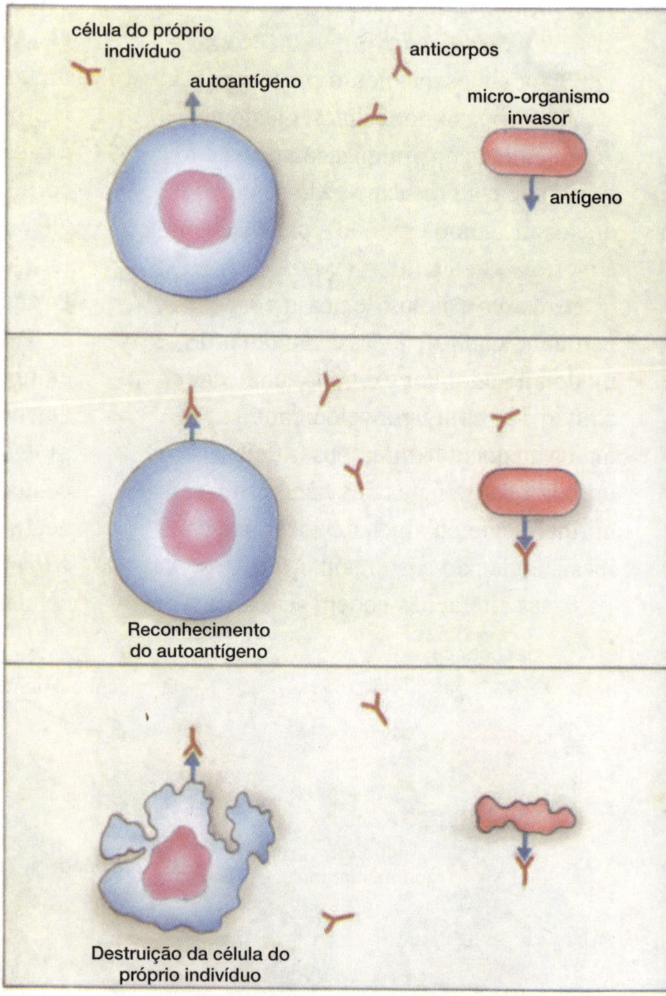

Alguns micro-organismos apresentam estruturas que se assemelham, ou são idênticas, às moléculas encontradas em nossas células. Esse fenômeno é denominado mímica molecular.

Falhas no sistema supressor

Conforme já vimos, o sistema imunológico dispõe de um mecanismo supressor, responsável pela inativação dos linfócitos após o término de uma infecção.

Acredita-se, porém, que nas primeiras semanas de vida as células do sistema supressor da criança atuem fundamentalmente para distinguir o que é próprio do que não é próprio do organismo.

Segundo esse modelo, nas primeiras semanas de vida o sistema imunológico produziria anticorpos e linfócitos específicos contra a maior parte dos componentes de nosso corpo. No entanto, ali estariam as células do sistema supressor para inativar esses linfócitos e, uma vez estabelecido o que é próprio, todas as outras substâncias que passassem a entrar em contato com o organismo seriam consideradas estranhas.

Por esse modelo, no caso das doenças autoimunes, o que estaria ocorrendo seria uma falha no sistema supressor, desbloqueando alguns linfócitos que deveriam estar reprimidos, por combaterem substâncias do próprio organismo.

Quando o corpo nega um presente

Atualmente é cada vez mais comum ouvirmos falar de transplantes. Primeiro foram as transfusões de sangue, depois os enxertos de pele e, finalmente, o transplante de órgãos, que hoje é feito para quase todos os órgãos, excluindo o sistema nervoso.

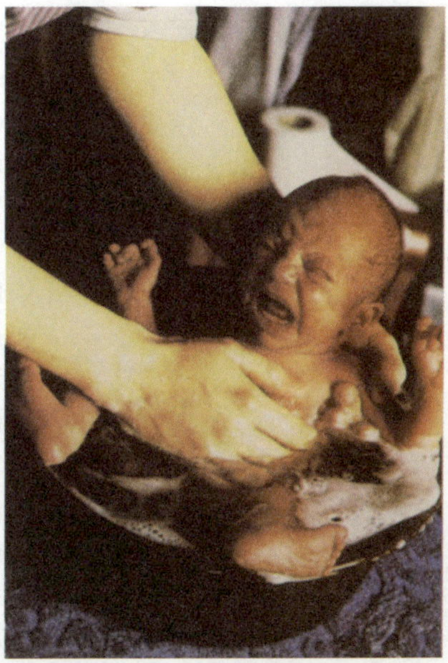

James Stevenson/SPL/Stock Photos

Durante o primeiro mês de vida de uma criança, seu sistema imunológico está aprendendo a reconhecer tudo aquilo que faz parte do seu corpo.

Ricardo Yorio

O Instituto do Coração é o maior centro latino-americano de transplantes.

Pascal Maitre/Gamma/Sigla

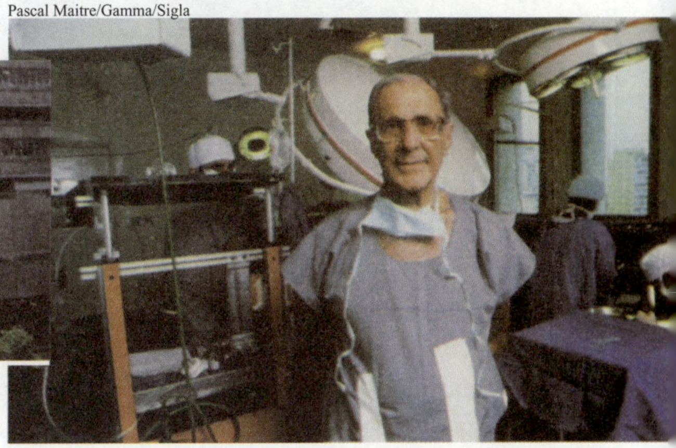

O Dr. Zerbini foi um pioneiro em transplantes no Brasil.

Os transplantes podem ser feitos de uma pessoa para ela mesma, no caso de enxertos de pele, ou de uma pessoa para outra, de um doador para um receptor. Atualmente, estão sendo testados transplantes em que os doadores são macacos, nossos primos mais próximos.

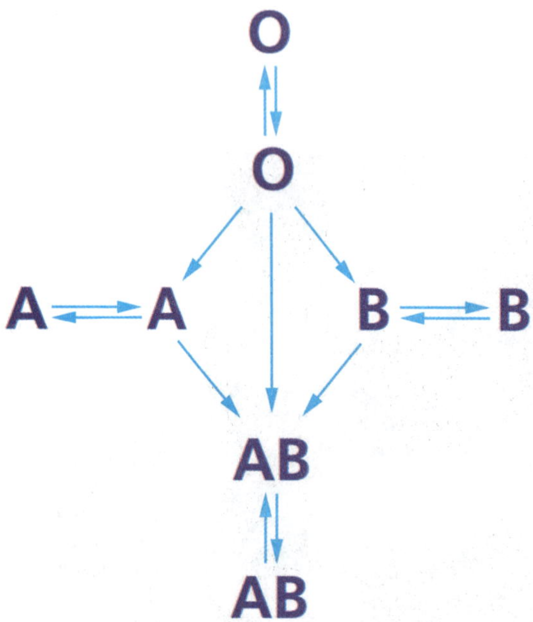

Quem pode doar sangue a quem?

O principal problema com relação aos transplantes é o fenômeno da rejeição, que ocorre quando o receptor rejeita o órgão transplantado. Nesse fenômeno, como não poderia deixar de ser, está diretamente envolvido o sistema imunológico do receptor.

Do mesmo modo que o sistema imunológico reconhece um micro-organismo como estranho, ele também pode reconhecer um coração transplantado como estranho.

A resposta imunológica é muito semelhante à que vimos anteriormente. Ressaltamos apenas que, no caso dos transplantes, as natural killcrs têm um papel decisivo na rejeição de um órgão.

De acordo com o tempo que decorre entre o transplante e o início da rejeição, podemos classificar as rejeições em: hiperagudas, em que o processo de rejeição inicia-se entre 24 e 48 horas após a cirurgia; agudas, em que ocorre uma rápida deterioração do órgão (muitas vezes isso pode ser resolvido com o uso de imunossupressores, que discutiremos a seguir); e crônicas, que aparecem muito tempo depois do transplante e normalmente levam à perda do órgão.

Mas como evitar as rejeições?

Existe uma série de cuidados que devem ser tomados antes de se efetuar um transplante. O primeiro é garantir que o doador seja o mais parecido possível com o receptor. Logicamente, não se trata de semelhança quanto ao rosto ou porte físico, mas de semelhança entre as células dos indivíduos em questão.

As células do doador podem ser idênticas às do receptor (o caso mais específico é o de gêmeos idênticos), ou bastante parecidas, no caso de parentes próximos, pais e irmãos. E assim por diante.

Mas o mais comum é o transplante entre pessoas não aparentadas. Neste caso, são necessários vários exames para saber se o receptor não rejeitará o órgão transplantado.

Uma prática pós-cirúrgica empregada para evitar a rejeição é a utilização de drogas que inibem a atuação do sistema imunológico, chamadas *imunossupressores*.

Mais de uma década de Aids

Sob certas condições uma pessoa pode apresentar um estado de imunodeficiência que se traduz por:

- maior suscetibilidade a infecções;
- fenômenos de autoimunidade;
- surgimento de doenças malignas, tumores e cânceres de pele;
- processos alérgicos graves e recorrentes.

Existem vários fatores que podem levar a um estado de imunodeficiência. Alguns desses fatores são congênitos, ou seja, a pessoa já nasce com o problema. Outro é o fator nutricional, motivado pela falta de certas vitaminas e nutrientes (isso acontece frequentemente com crianças, por motivos sociais ou culturais).

Existem também os casos de imunodeficiência decorrentes de viroses. Normalmente, esses estados são transitórios, como ocorre com o sarampo. No entanto, o caso mais conhecido, a Aids, não é transitório.

Aids é a sigla para a expressão inglesa *acquired immunodeficiency syndrome*. Em português: "síndrome de imunodeficiência adquirida". Síndrome quer dizer "conjunto de sintomas". Imunodeficiência adquirida tem significado mais ou menos evidente: deficiência adquirida da capacidade de reagir a agentes invasores do organismo.

Boa parte dos sintomas relacionados à Aids deve-se às *doenças oportunistas*. Essas moléstias são assim chamadas porque são desencadeadas por micro-organismos que só conseguem parasitar o organismo quando o sistema imunológico está muito debilitado. Ou seja, um aidético morre, geralmente, de tuberculose, pneumonia, tumores e outras doenças, todas causadas pelos agentes oportunistas.

Aids não se pega com abraços, beijos, carinhos e apertos de mão.

Nos aidéticos, a debilitação imunológica deve-se a alterações na taxa ou no comportamento de diferentes células do sistema imunológico, entre elas os linfócitos T4, as células supressoras e as células fagocitárias (por exemplo, os macrófagos).

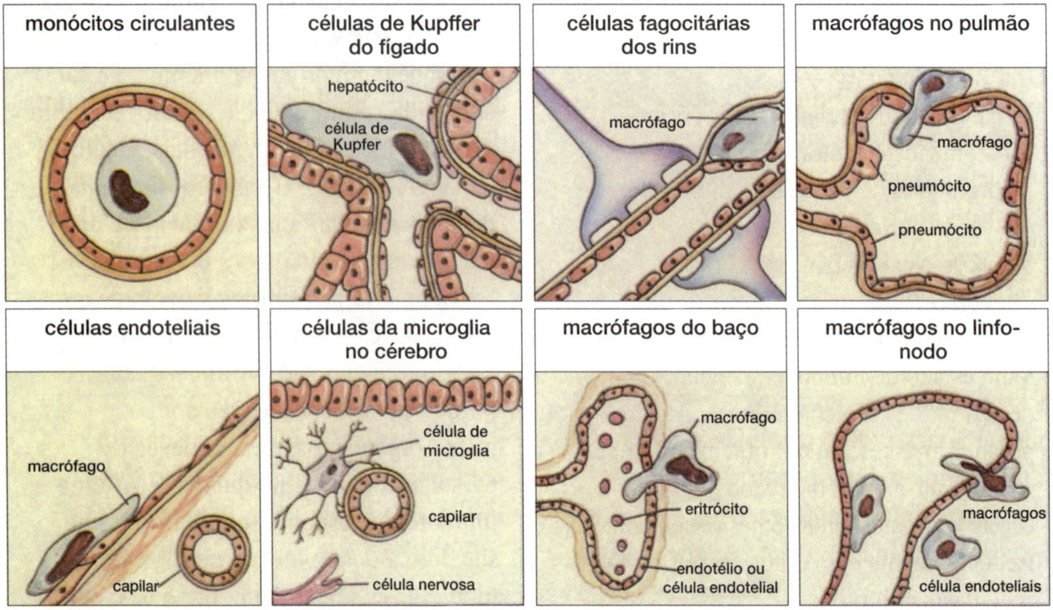

Existe um grupo de células, entre elas os macrófagos, que fazem parte do sistema mononuclear fagocitário. Essas células também estão sujeitas a infecções pelo HIV.

Em muitos casos, uma das principais características relacionadas ao desenvolvimento da doença é justamente a queda progressiva do número de linfócitos T4 na corrente sanguínea.

Acredita-se que a Aids seja provocada por um vírus chamado HIV (de *human immunodeficiency virus*, vírus da imunodeficiência humana). Esse vírus foi identificado pela primeira vez em 1983, pelo cientista francês Luc Montagnier, que o isolou de um paciente aidético.

Devemos ressaltar que um indivíduo portador do vírus não é um indivíduo aidético. Existem muitas pessoas que são portadoras dos vírus há muitos anos, mas não são aidéticas porque não apresentam os sintomas da doença.

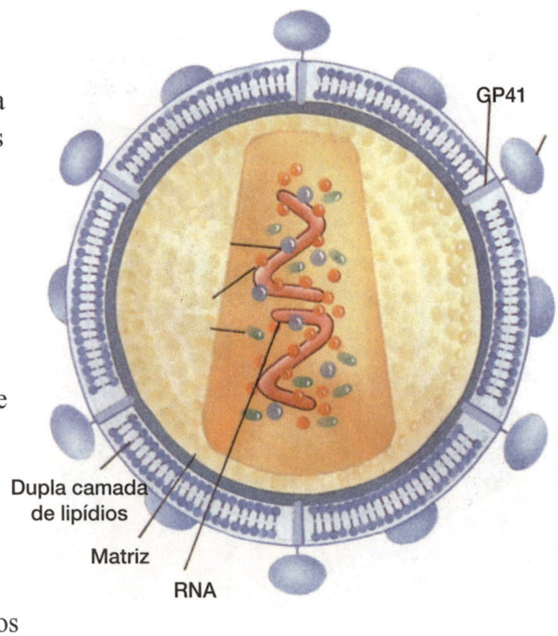

Esquema do vírus HIV.

O HIV é transmitido por contato entre o sangue (ou secreções) de uma pessoa contaminada e o sangue (ou secreções) de uma pessoa sadia. As vias de transmissão reconhecidas são o contato sexual, as transfusões de sangue e a utilização de agulhas contaminadas.

O vírus possui em sua composição uma proteína com uma forte afinidade por células do sistema imunológico. Uma vez ligado a essas células, o HIV pode entrar no interior delas e aí permanecer livre da ação do sistema imunológico.

Dessa forma, o vírus pode reproduzir-se à vontade, destruindo as células e assim prejudicando o sistema imunológico. Em outros casos isso não ocorre, e o vírus permanece latente, adormecido no interior das células por longos períodos, dividindo-se somente quando as células se dividem.

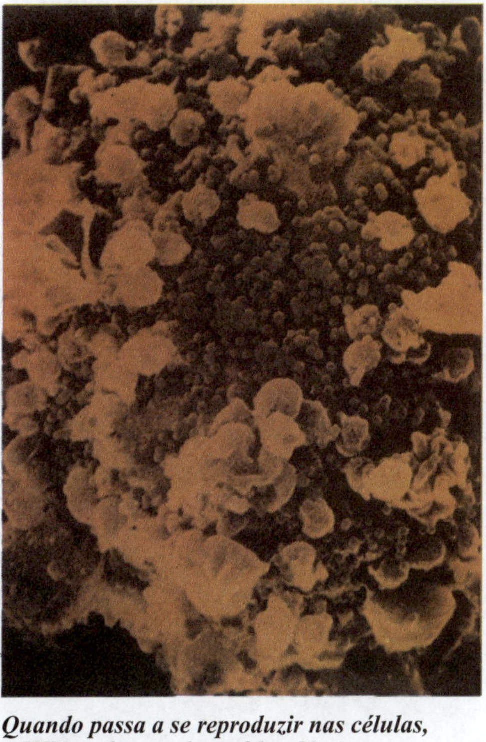

Scientific American. – set/93

Quando passa a se reproduzir nas células, o HIV acaba por destruí-las. Neste caso, vemos a destruição de um macrófago.

Com a descoberta do vírus, a Aids foi reconhecida como uma doença infecciosa. E o HIV, seu agente etiológico, atuaria destruindo os linfócitos T4.

Conhecendo o agente etiológico da doença, o próximo passo dos cientistas foi tentar elaborar uma vacina eficaz contra ele, que barrasse a propagação da doença na população.

Por que a vacina ainda não deu certo?

Um aspecto que atrapalhou o trabalho dos cientistas foi a existência de muitas variedades do mesmo vírus que causa a Aids, o que dificulta a elaboração de uma vacina única contra a moléstia.

Recentemente, alguns laboratórios que haviam produzido vacinas eficientes em sistemas experimentais (macacos) verificaram que essas mesmas vacinas não eram eficientes para seres humanos. Em outros casos, não eram eficientes nem mesmo para outros grupos de macacos.

Para agravar um pouco mais a situação, recentemente alguns parâmetros considerados corretos com relação à doença estão sendo questionados.

O AZT, a única droga até agora prescrita para prolongar a sobrevida dos pacientes, não se mostrou eficiente, segundo trabalho realizado por ingleses. De acordo com esse trabalho, não existe diferença significativa, a longo prazo, entre a sobrevida de pacientes que se medicaram com AZT e a de outros que não o usaram.

A relação T4/T8 no sangue, que até agora era utilizada como diagnóstico para avaliar a progressão da doença, se mostrou inadequada para muitos casos. Ou seja, um indivíduo pode estar com Aids e apresentar níveis normais de células T4.

Com o emprego de técnicas muito sofisticadas, é possível detectar a presença do vírus mesmo quando ele está em baixíssimas concentrações e presente no interior de células que estão ancoradas nos linfonodos. Devido a esse diagnóstico, em muitos indivíduos que aparentemente não possuíam o vírus, foi encontrado o HIV em células que não estavam em circulação.

Por último, apesar de o vírus estar presente, torna-se cada vez mais evidente que, para um grande número de casos, o HIV não atua diretamente causando a Aids. Seriam necessárias condições especiais para que o vírus desencadeasse a doença. Entre essas condições estão sendo estudadas as seguintes:

– predisposição para doenças autoimunes e de imunodeficiência;
– infecções, constantes e recorrentes, por diferentes agentes;
– uso de drogas estimulantes.

Não devemos entender, com isso, que somente pessoas com essas características possam desenvolver a doença, mas sim que elas possuem maior propensão para o desenvolvimento da Aids.

Para o Dr. Peter Duesberg, pesquisador norte-americano, o papel do HIV seria tão secundário que poderia ser considerado apenas como mais um dos oportunistas. O fato é que o Dr. Duesberg está praticamente sozinho nessa afirmação extrema. Todavia, a tese dele não é tão absurda, uma vez que há casos de pessoas que apresentam todo o quadro patológico da Aids, mas aparentemente não são portadoras do HIV. Por outro lado, há inúmeros casos constatados de portadores do HIV que estão sobrevivendo normalmente por muitos anos, sem apresentar o menor sintoma da síndrome. Daí se conclui que ainda há muito a se aprender sobre o HIV.

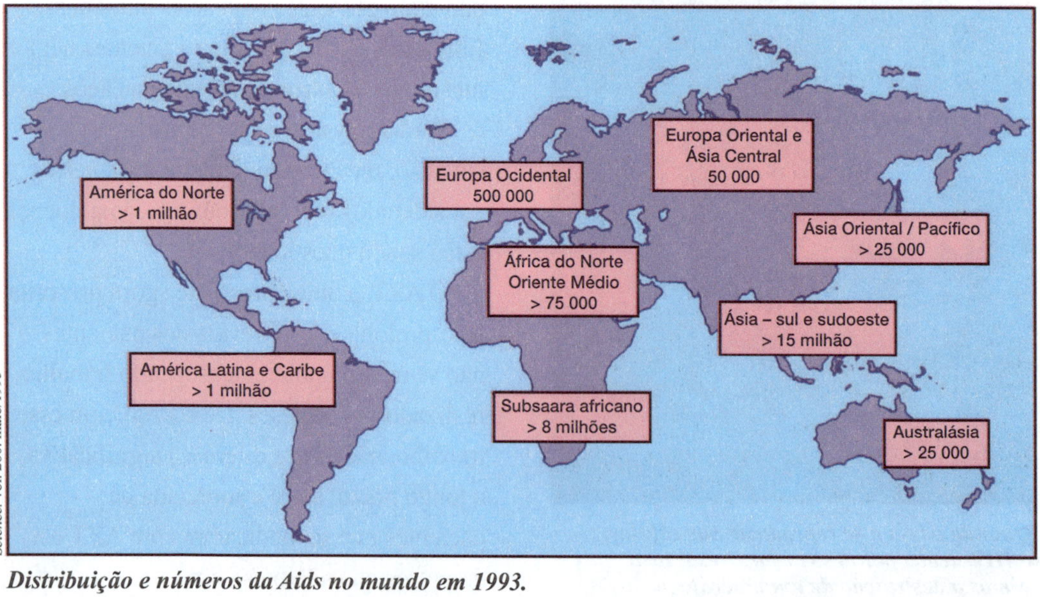

Science. vol. 260. maio/1993

Distribuição e números da Aids no mundo em 1993.

OMS faz apelo a governos

Na véspera do Dia Mundial de Luta contra a Aids, a Organização Mundial de Saúde (OMS) fez um apelo para que os governos ampliem as aulas de educação sexual, como forma de impedir o avanço da doença. De acordo com documento divulgado pela OMS, a educação sexual frequentemente consegue persuadir os jovens a retardar o início de sua vida sexual, a limitar o número de parceiros e, principalmente, a usar preservativos. "Não queremos que nossos jovens morram por ignorância. Mais da metade das pessoas infectadas foram contaminadas entre os 15 e os 24 anos de idade", afirmou Michael Merson, diretor da OMS para prevenção da Aids.

Segundo estimativas da OMS, desde o início da pandemia, em 1980, até hoje 13 milhões de homens, mulheres e crianças foram contaminados pelo HIV, o vírus que causa a doença. Diariamente, 5 mil pessoas são infectadas em todo o mundo. As projeções da OMS indicam que, no ano 2000, haverá 40 milhões de pessoas portadoras do vírus em todo o mundo. A incidência da doença vem aumentando significativamente nos países subdesenvolvidos, principalmente no sudeste asiático e no subsaara africano, onde o número de casos e mortes é tão elevado que já chega a ser um dos fatores responsáveis pela estagnação econômica. A Aids vem avançando significativamente entre as mulheres e somente este ano um milhão delas terá contraído o vírus. Até o ano 2000, serão 13 milhões de mulheres contaminadas e 4 milhões estarão mortas.

Nos Estados Unidos, onde a doença já é a principal causa de morte entre homens na faixa dos 25 aos 44 anos de idade, o governo decidiu se aliar à indústria, na tentativa de acelerar o desenvolvimento de novos medicamentos para enfrentar a doença. A secretária de Saúde, Donna Shalala, anunciou ontem a criação de uma força-tarefa integrada por 15 representantes do governo, indústria farmacêutica, associações médicas e entidades que reúnem pacientes. O objetivo é concentrar esforços na busca da cura da Aids. "É hora de estimular nossos melhores cérebros e reunir esforços num ataque a essa doença", disse Shalala. Todos os dias, 90 americanos morrem por causa da Aids. Desde o início da epidemia, os Estados Unidos registram 1 milhão de pessoas contaminadas.

(Jornal da Tarde, 01/12/93.)

As atuais perspectivas

Por tudo o que foi dito, descobrir uma vacina contra a doença deixou de ser o único objetivo no estudo da Aids. Antes, é preciso saber exatamente qual vacina produzir e contra o que imunizar.

A indústria farmacêutica também se deu conta de que a coisa não é simples e atualmente estão sendo testadas novas drogas que, utilizadas de maneira combinada, parecem obter melhores resultados do que quando administradas isoladamente.

Outro aspecto bastante discutido é a falta de conhecimento sobre os mecanismos que desencadeiam a deficiência imunológica e a instalação da doença. Falta entender melhor como atua o sistema imunológico nessa doença.

Citando a abertura de um artigo publicado na *Science*, uma conceituada revista científica americana, podemos dizer que agora "a pesquisa sobre a Aids está abandonando o vírus para estudar o sistema imunológico". Talvez somente a partir de uma maior compreensão desse sistema vamos entender realmente o que é a síndrome da imunodeficiência adquirida.

A África é um exemplo que não pode ser seguido.

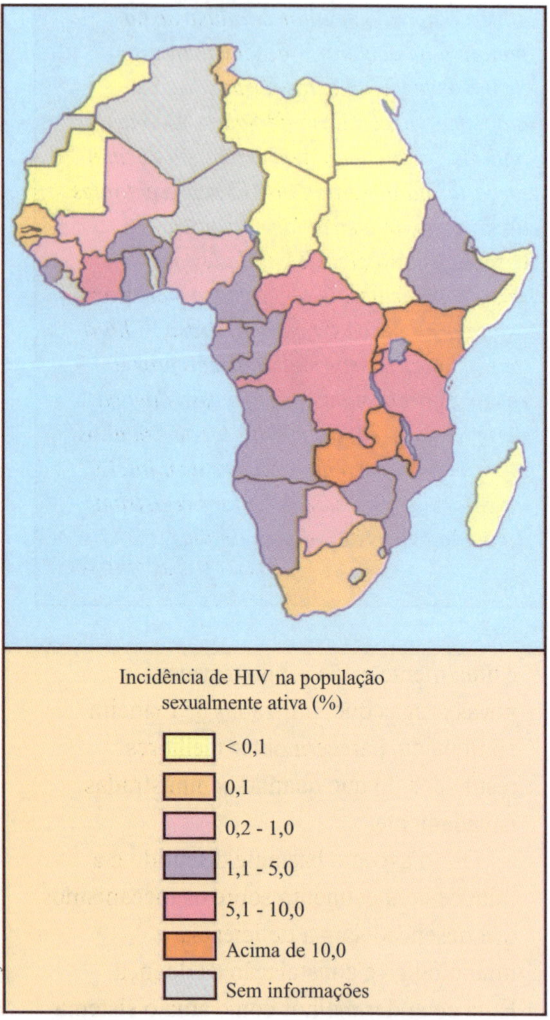

Scientific American. maio/1992

A África é um exemplo que não pode ser seguido.

Aids no mundo

Oficialmente, os primeiros casos de Aids apareceram em Atlanta (EUA) no ano de 1982. A doença se tornou conhecida como a doença dos Rrupos de risco: homossexuais, hemofílicos e usuários de drogas. Para muita gente, isso continua sendo verdadeiro, mas é um grave engano. O fato de, inicialmente, aparecerem mais pessoas contaminadas nesses grupos é simplesmente um efeito do modo pelo qual a doença se propaga pela população. Estudos recentes mostram que a doença pode se propagar, sem barreiras, por todas as parcelas da população.

Hoje acredita-se que a Aids tem muito mais do que dez anos. O fato de encontrarmos países da África, como Uganda, onde mais de 10% da população está contaminada, nos leva a crer que o vírus está em contato com a espécie humana há pelo menos duzentos anos, tempo mínimo necessário para um vírus como o HIV infectar um número tão grande de pessoas em um continente com as características da África.

É quase certo que o vírus teve sua origem na região ao sul do Saara, na África. Ainda no continente africano encontram-se também algumas formas menos virulentas do HIV.

O fato de o vírus e a doença hoje estarem espalhados por todos os continentes define a Aids como uma pandemia, uma epidemia mundial.

As intensas campanhas de prevenção levadas a cabo em muitos países, entre eles alguns subdesenvolvidos, produziram um efeito positivo na contenção da propagação do vírus. Em muitos países europeus a transmissão do vírus está sendo reduzida, graças a essas campanhas de conscientização. O problema, como em muitos outros casos, acaba ficando mais acentuado em países do Terceiro Mundo, onde existe pouco controle sobre a saúde da população.

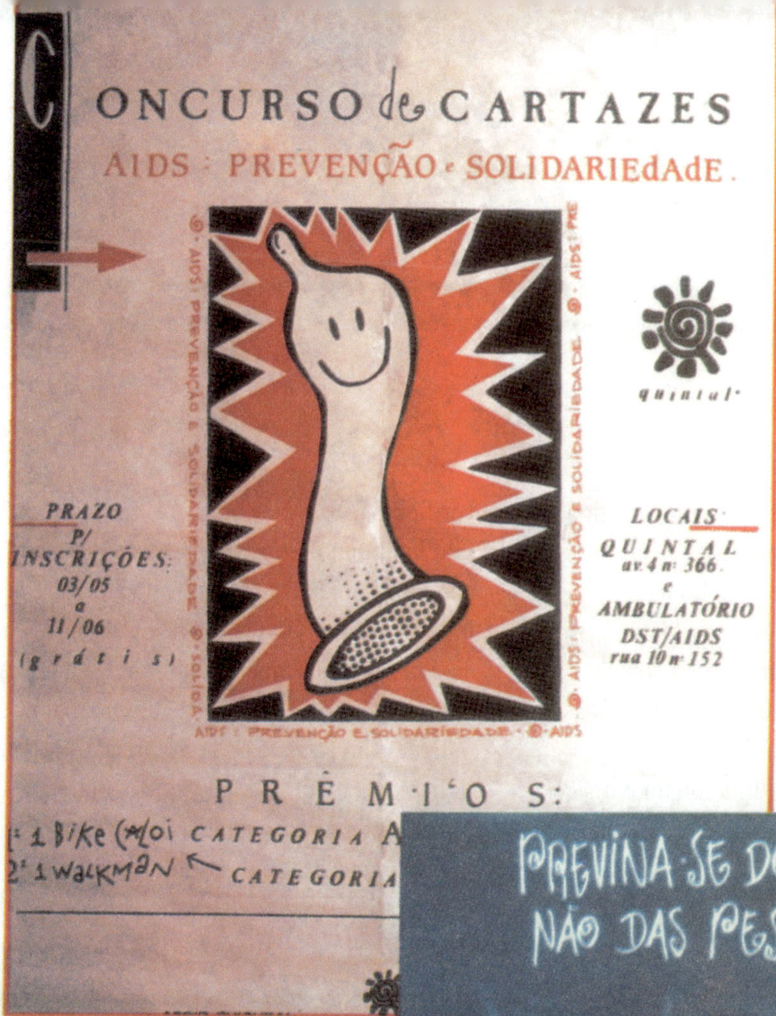

Existe em todo o mundo uma crescente preocupação em desmistificar a Aids como uma doença restrita a grupos de risco. Hoje a maioria das campanhas procura conscientizar as pessoas dos perigos de contágio e, ao mesmo tempo, da necessidade de eliminarmos os preconceitos com relação à doença.

Capítulo 12

O médico dentro de nós

Vimos que o sistema imunológico é o maior responsável pela "segurança" e pelo bom funcionamento do organismo. Além de reconhecer e combater organismos invasores, ele também detecta e destrói as células alteradas, como as cancerosas, as células velhas, que não funcionam mais adequadamente, e as células que foram invadidas por vírus.

Hoje sabemos que o envelhecimento é devido a defeitos acumulados nos diferentes tipos de células que compõem o corpo humano. Esses defeitos levam as células a funcionarem de maneira alterada. Assim, por exemplo, as células musculares perdem a capacidade de contração, as do nervo auditivo deixam de captar alguns tipos de sons, e assim por diante.

Outras alterações do funcionamento celular, como as divisões anormais que levam ao câncer, são quase sempre identificadas e bloqueadas a tempo pelo sistema imunológico de pessoas jovens. Em boa parte das pessoas idosas, porém, isso não acontece. Como consequência, elas desenvolvem com certa facilidade alguns tipos de câncer.

Por outro lado, existem indivíduos que vivem em perfeita saúde por mais de cem anos. Examinando-se esses indivíduos, verificou-se que possuíam um excelente sistema imunológico. Esse fato nos leva a concluir que existe uma correlação entre a imunidade e uma vida longa e saudável.

Por que o sistema imunológico funciona bem em algumas pessoas e nem tanto em outras? Não se sabe ao certo, mas tudo indica que, além da idade, outros fatores podem influir na eficiência do sistema imunológico. Entre esses fatores parecem estar a alimentação e o estado psicológico das pessoas.

Delfim Maerins/Pulsar

Para ter uma longa vida é necessário manter o sistema imunológico saudável.

Alimentação

A boa alimentação garante o funcionamento eficaz de todo o organismo, inclusive do sistema imunológico. Existe até uma relação direta entre a baixa eficiência do sistema imunológico e a desnutrição ou uma alimentação pouco variada, em que faltem elementos como proteínas, nutrientes e vitaminas.

Embora precisem das vitaminas para manter seu funcionamento, nossas células não conseguem fabricar essas substâncias. Elas precisam retirá-las do ambiente.

Algumas vitaminas são fabricadas por bactérias presentes no intestino. Mas a maioria delas faz parte dos alimentos de origem vegetal ou animal, como verduras, frutas, carne, peixes e ovos.

A melhor maneira de obter vitaminas é através dos alimentos.

Entre as vitaminas, o ácido ascórbico (vitamina C) é a mais famosa. Parte dessa fama deve-se à própria história da vitamina C, que sempre esteve relacionada com o controle de gripes e resfriados.

Recentemente, alguns experimentos realizados em camundongos mostrou que uma dose diária dessa vitamina aumenta a eficiência dos linfócitos B e T. Isso justificaria a indicação da vitamina C em casos de algumas infecções por vírus.

Além da vitamina C, duas outras estão sendo muito estudadas devido a sua atuação sobre o sistema imunológico: a vitamina E e a vitamina A.

Até agora, conhecia-se a relação da vitamina A com a visão, a pele e as mucosas (que formam o revestimento úmido das aberturas e cavidades corporais, como o tubo digestivo, as vias respiratórias, etc.). A falta dessa vitamina ocasiona a chamada cegueira noturna e o ressecamento da pele e das mucosas.

Além disso, há mais de cinquenta anos os médicos já haviam observado que pessoas com deficiência de vitamina A apresentavam maior incidência de câncer. Recentemente, descobriu-se que a vitamina A atua como agente preventivo do câncer, estimulando os linfócitos T citotóxicos a reconhecer células potencialmente cancerosas. No entanto, a vitamina parece não ter efeito na regressão de um câncer já instalado.

Juntamente com as vitaminas, alguns elementos químicos, como o selênio e o zinco, também atuam na regulação do sistema imunológico. Adicionado à alimentação de pessoas e animais, o selênio estimula a produção de anticorpos. Já o zinco atua principalmente no nível das células fagocitárias do sistema imunológico e no processo de cicatrização.

A maior parte das pesquisas feitas em torno do papel das vitaminas e dos elementos químicos na regulação do sistema imunológico foi realizada em animais de laboratório. Portanto, ainda faltam algumas informações a respeito de como esses produtos atuam no organismo humano.

Mesmo assim, num futuro próximo será possível utilizar essas informações para manter o sistema imunológico funcionando da melhor maneira possível. Isso com certeza nos aliviará de muitos infortúnios causados tanto por micro-organismos patogênicos como pelo desgoverno das células do próprio corpo.

Conhecendo-se a importância da alimentação para a imunidade, cabe questionar o valor das grandes campanhas de vacinação promovidas rotineiramente nos países pobres. Será que as vacinas atuarão como devem em crianças desnutridas ou mal-alimentadas?

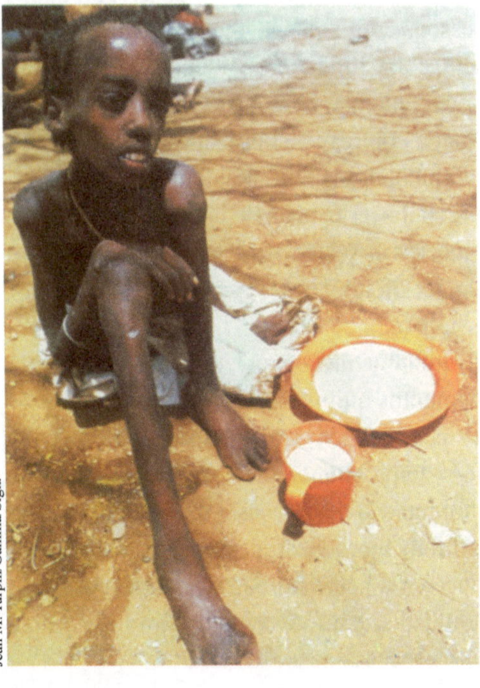

Jean M. Turpin/Gamma/Sigla

Não se pode negar que essas campanhas de vacinação salvaram e continuam salvando muitas vidas. Contudo, muitas outras poderiam ter sido salvas se, além da vacina, as crianças tivessem recebido uma dieta alimentar rica e equilibrada que reforçasse seu sistema imunológico.

Estou feliz porque tenho imunidade ou será que é o contrário?

Um trabalho feito pelo cientista britânico G. W. Brown mostrou que a expectativa de vida de uma pessoa diminui muito depois que seu companheiro morre. Outros estudos indicam ainda que pessoas submetidas a situações de tensão tendem a desenvolver doenças graves com maior frequência e intensidade do que pessoas que não passaram por tais situações.

É possível que o estado emocional de uma pessoa influa sobre o funcionamento de seu sistema imunológico?

Parece que sim. No entanto, existem poucas experiências sobre o assunto. Mas uma delas, realizada com um grupo de macacos, chamou a atenção.

Uma desnutrição severa durante a infância causa problemas irreversíveis.

Macaquinhos sentimentais

Criados juntos desde o nascimento, alguns macacos foram colocados em jaulas isoladas. A partir dessa época, o sistema imunológico deles foi analisado periodicamente. Percebeu-se, então, que, além de apresentarem a depressão característica dos animais enjaulados solitariamente, os macacos apresentaram uma queda significativa da eficiência do sistema imunológico. Por enquanto, o melhor a fazer é se prevenir.

Passado algum tempo, os animais foram recolocados na jaula dos amigos de infância e tiveram seus sistemas imunológicos novamente analisados. Em questão de dias, verificou-se que a capacidade imunológica dos animais estava totalmente recuperada.

Ainda é cedo para dizer que a felicidade traz saúde, principalmente porque existe muito o que conhecer sobre o funcionamento do corpo humano. Entretanto, não é exagero afirmar que muitas moléstias poderiam ser evitadas e amenizadas se as pessoas tivessem um pouco mais de alegria e conforto emocional.

Algumas doenças autoimunes, como o lúpus, pioram acentuadamente quando os doentes ficam tensos ou infelizes e melhoram quando eles voltam ao normal. Isso nos mostra que corpo e mente funcionam sempre juntos. E que, para ter saúde e boa disposição, devemos cuidar tanto dos sentimentos quanto das células. Se não podemos evitar os problemas, pelo menos podemos enfrentá-los de maneira mais otimista e confiante.

Os animais também apresentam emoções.

SARAIVA S.A. Livreiros Editores
Rua Henrique Schaumann, 270 — Pinheiros
05413-010 — São Paulo — SP
Fone: (0xx11) 3613-3000
Fax: (0xx11) 3611-3308 — Fax vendas: (0xx11) 3611-3268
www.editorasaraiva.com.br

Dados Internacionais de Catalogação na Publicação (CIP)
(Câmara Brasileira do Livro, SP, Brasil)

Cunha, Paulo Roberto da
Por dentro do sistema imunológico / Paulo Roberto da Cunha : coordenação Vinícius Signorelli. — 13. ed. — São Paulo : Atual, 2004. — (Projeto Ciência)

Inclui suplemento de atividades.
ISBN 978-85-7056-601-0
ISBN 978-85-357-1466-1 (professor)

1. Ciências (Ensino fundamental) 2. Imunologia (Ensino fundamental) I. Signorelli, Vinícius II. Título. III. Série.

94-0461 CDD-372.35

Índices para catálogo sistemático:

1. Sistema imunológico : Ciências : Ensino fundamental 372.35
2. Imunologia : Ciências : Ensino fundamental 372.35

Série **Projeto Ciência**

Editor: Valdir Montanari
Coordenador editorial: Henrique Félix
Assistente editorial: Shirley Gomes
Preparação de texto: Noé G. Ribeiro/Renato Nicolai
Gerente de produção editorial: Cláudio Espósito Godoy
Revisão: Pedro Cunha Jr. e Lilian Semenichin (coords.)
Editoração eletrônica: Silvia Regina E. Almeida/Virgínia S. Araújo
Chefe de arte/diagramação: Tania Ferreira de Abreu
Assistentes de arte: Marcos Puntel de Oliveira/Ricardo Yorio/Alexandre L. Santos
Produção gráfica: Antonio Cabello Q. Filho/José Rogerio L. de Simone/Maurício T. de Moraes
Fotolito: Binhos/STAP
Composição: Graphbox
Edição de texto: Maria de La Luz Mariz Costa
Roteiro de leitura: Kátia Mantovani
Projeto gráfico e capa: Tania Ferreira de Abreu
Foto de capa: Francis Leroy/Science Photo Library/Stock Photos
Mapas: Sonia Vaz

13ª edição/6ª tiragem
2012

Visite nosso *site*: www.atualeditora.com.br
Central de atendimento ao professor:
0800-0117875

Por dentro do sistema imunológico

Paulo Cunha

ATUAL EDITORA

UMA PROPOSTA DE TRABALHO

Nome: ____

Escola: ______________________________ **ANO:** __________

PARTE I

Complete os espaços com o termo adequado.

1. O ____________________ é o responsável direto pelo bem-estar físico do ser humano e pela proteção do organismo.

2. Os três grupos de micróbios causadores das doenças infecciosas mais comuns no ser humano são: ____

3. Quanto à forma, os tipos de bactérias são: ______________________________

4. ________________ é o tecido que envolve o sistema nervoso central (encéfalo e medula raquiana). O ataque de patógenos, como os ________________, causa a meningite.

5. O composto presente na lágrima, eficaz no combate às bactérias, é a ________________

6. As estruturas reconhecidas pelos anticorpos são, tecnicamente, denominadas ____________, e podem ser ____________________ ou fragmentos derivados de ________________ ____

7. Os ____________________ são células sanguíneas que participam do processo de imunização adquirida, fabricando anticorpos.

8. A função dos glóbulos vermelhos é transportar ______________________________

9. A primeira célula a agir no processo de imunização celular é o ________________. Se a infecção persistir, entram em ação os ______________________________.

10. As ____________________ são importantes para detectar as infecções recorrentes.

11. A ________________ é uma moléstia infecciosa grave que provoca feridas cheias de pus na pele.

12. O jovem médico inglês que deu o passo decisivo para o processo de imunização foi __________

13. Pasteur usou a bactéria ______________________, causadora da cólera em a… definir as bases da imunização.

14. No que consiste o método da pasteurização? Quando a utilizamos?

____

____

____

15. De onde surgiu o nome vacina?

____

____

16. Qual é a diferença entre vacina e soro?

____

____

17. No que consiste o choque anafilático?

____

____

____

18. Por que o aleitamento materno é importante nos primeiros meses de vida?

____

____

____

19. Por que um indivíduo alérgico apresenta maior quantidade de IgE em circulação do que o padrão normal?

____

____

20. O que são autoanticorpos?

____

____

21. Como evitar as rejeições nos transplantes de órgãos?

____

____

22. Quais são as células atacadas pelo HIV?

____

____

23. Por que a Aids é definida como uma pandemia?

____

PARTE III

Relacione as colunas.

1. Doenças e seus agentes causadores:

(a) vírus	( ) doença de Chagas
(b) *Treponema pallidum*	( ) febre tifoide
(c) *Salmonella thyphi*	( ) malária
(d) *Streptococcus pneumonie*	( ) gripe
(e) *Plasmodium*	( ) sífilis
(f) *Tripanosoma cruzi*	( ) pneumonia
	( ) encefalite

2. Soldados do exército de defesa e sua ação:

(a) neutrófilo	( ) Conjunto de 18 proteínas que atacam sequencialmente o complexo antígeno-anticorpo.
(b) macrófago	( ) Marcam os invasores, deixando-os vulneráveis ao sistema imunológico.
(c) linfócito T4	( ) Aparecem quando os antígenos não estão mais em circulação.
(d) linfócito B	( ) Primeira frente de combate.
(e) anticorpos	( ) Células apresentadoras de antígenos.
(f) sistema do complemento	( ) Reconhece o antígeno e coordena a resposta imunológica adquirida.
(g) linfócito T citotóxico	( ) Transforma-se em plasmócito e produz anticorpos.
(h) linfócito T supressor	( ) Liga-se ao antígeno através de receptores, eliminando substâncias tóxicas que o matam.

3. Imunoglobulinas e suas características:

(a) IgM	( ) Atua em secreções corporais.
(b) IgG	( ) Capaz de atravessar a placenta.
(c) IgE	( ) Não estimulam as proteínas do sistema de complemento.
(d) IgA	( ) Relacionada com asma e rinite.
(e) IgD	( ) Tem forma de roseta.

PARTE IV

Leia com atenção o texto a seguir e, com base nele, responda às perguntas colocadas ao final.

Só existem três tipos de vírus da gripe. Mas eles vivem sofrendo mutação.

O causador de tudo atende pelo nome de influenza. [...] Ele é um dos mais potentes e perigosos vírus causadores de infecção respiratória. Na verdade, o temível vilão desdobra-se em três tipos antigênicos [...],

14. O termo ____________ foi usado pela primeira vez pelo médico alemão ________
____

15. A histamina é a substância liberada pelo ____________________, em presença de alergeno.

16. As células que possuem atração por células cancerosas são as ______________________

17. As doenças oportunistas são moléstias que costumam se manifestar em indivíduos ________

18. O equilíbrio do sistema imunológico depende diretamente de dois fatores básicos, que são: ______ ________________________ . Atuam como coadjuvantes nesse processo as vitaminas __________, e os elementos químicos ______________________________

PARTE II

Responda às seguintes questões.

1. Como se caracteriza uma doença?

____

____

____

2. Caracterize alguns tipos de doença.

____

____

____

____

3. O que significa o termo micro-organismo ou micróbio?

____

____

____

4. Como diferenciamos vírus, bactérias e protozoários?

____

____

____

____

____

5. Por que devemos procurar manter a integridade de nossa pele?

6. Qual é o papel da ferrolactina do leite?

7. Por que nem sempre a bacteriolisina consegue impedir a formação da cárie?

8. Qual é a diferença entre imunidade celular e imunidade humoral?

9. Qual é o papel da dor sentida quando nos ferimos?

10. Por que os neutrófilos são chamados de células camicases?

11. O que caracteriza a septicemia?

12. Por que adquirimos gripe por diversas vezes, se temos células de memória imunológica contra essa moléstia?

13. Por que as moças que ordenhavam vacas com varicela ficavam imunes contra a varíola humana?

chamados A, B e C, e vários subtipos, que se formam por sucessivas mutações do vírus. Transmite-se, geralmente, pelas gotículas de espirros e pelas secreções expelidas na tosse, e invade as mucosas do nariz ou da garganta.

No inverno, o risco de contágio é maior, porque as pessoas costumam se proteger do frio aglomerando-se em ambientes fechados. Além disso, a baixa temperatura contrai os vasos sanguíneos da mucosa respiratória, e, com menos sangue circulando, é menor a quantidade de anticorpos de defesa contra a invasão do vírus. [...]

Entrada livre para bactérias

Na presença do vírus, ocorre uma complexa reação inflamatória no corpo. Daí advém a febre de 39 a 40°, a dor de cabeça, a falta de apetite e aquelas desconfortáveis dores musculares que os médicos chamam de mialgias - sintomas que duram em média de três a quatro dias. Após esse período, o vírus é inativado e morto pelo sistema de defesa natural do organismo.

Mas nem sempre o mal-estar e o nariz pingando são sinais de gripe. Não se pode esquecer dos vírus causadores dos *resfriados*, e há uma infinidade deles. Pois, embora o nome leve a crer que o resfriado seja provocado pela simples mudança de temperatura ou ingestão de gelados, na realidade ele se propaga pelo contato com pessoas contaminadas. [...] A grande diferença em relação à gripe é que no resfriado não há febre. Os principais sintomas são entupimento nasal, coriza abundante, espirros e dor de cabeça.

Como também debilita o organismo, o resfriado pode permitir a entrada de bactérias que provoquem sinusites, faringites e otites. Só que essas complicações são mais brandas. Já as vítimas da influenza são seriamente ameaçadas pela pneumonia. Ela pode ser primária se causada diretamente pelo vírus influenza ou secundária quando provocada por bactérias oportunistas. [...] Pessoas sensíveis à brusca variação de temperatura tornam-se presas mais fáceis do vírus. E o local de trabalho não poderia ser mais apropriado ao contágio. Com medo de problemas no emprego, a maior parte dos adultos gripados não falta ao trabalho, ao contrário do que ocorre nos Estados Unidos e na Europa. Esse comportamento piora o quadro clínico da gripe e ajuda a espalhar o vírus.

A desnutrição, o *stress* e a convivência com doenças crônicas, problemas comuns no Brasil, aumentam as chances de contaminação. Ao enfraquecerem o organismo na luta contra a gripe, contribuem para o aparecimento de sintomas mais graves. O álcool e o fumo também atuam como fatores agravantes. A bebida alcoólica resseca as secreções, dificultando sua eliminação, e atinge as células do sistema imunológico, propiciando gripes sucessivas. Já o cigarro destroi os cílios das vias respiratórias, que funcionam como "vassourinhas" microscópicas, capazes de empurrar as secreções para fora. [...]

(*Globo Ciência*, julho/93)

Perguntas

1. Por que uma pessoa pode contrair gripes sucessivas? E por que no inverno as contaminações pelo vírus da gripe são mais frequentes?

____

____

____

____

2. Diferencie gripe de resfriado.

____

____

3. Quais os efeitos das bebidas alcoólicas e do cigarro sobre o organismo? E qual a relação desses agentes com a recorrência de gripes e resfriados?

____

____

A DINÂMICA DO CORPO HUMANO

Atual Editora

Teresa Grassi-Leonardi/Cristina Leonardi

UMA PROPOSTA DE TRABALHO

projeto CIÊNCIA

Nome: ____

Escola: ______________________________ **Ano:** ______________

PARTE I

Complete com o(s) termo(s) adequado(s):

1. O triatlo é uma competição que consiste em três provas: a primeira, de __________, a segunda, de _____ e a terceira, de _________.
2. O aparelho de ________________ permite verificar as atividades cerebrais mesmo durante o sono.
3. As substâncias obtidas dos alimentos digeridos que serão aproveitadas nas células chamam-se _____________.
4. A enzima que inicia o processo digestivo chama-se _____, e está presente na ________.
5. A _________ impede a entrada do alimento no sistema respiratório.
6. Os ________________ empurram o bolo alimentar ao longo do tubo digestivo.
7. Depois da digestão os nutrientes são absorvidos ao passarem pelo ________________, enquanto a _______ e os _______________ só são absorvidos no intestino grosso.
8. A contração do miocárdio chama-se ________, e o relaxamento chama-se ________.
9. Os pulmões são constituídos por estruturas chamadas _______________.
10. A _______________ é o pigmento vermelho, presente nas hemácias, que transporta os gases respiratórios.
11. Os três tipos de tecido muscular são o _______, o _________ e o ________.
12. A fadiga muscular é causada pelo acúmulo de ____________ no músculo.
13. Os ossos que se articulam mantêm-se unidos graças aos ___________.
14. O feixe de fibras que prende o músculo ao osso recebe o nome de ________.
15. As divisões da biomecânica, método utilizado para o aprimoramento do atleta, são: _______________, _________________ e _______________.

PARTE II

Responda:

1. Onde, quando e como "nasceu" o triatlo?

____

____

2. Em que consiste o triatlo?

____

____

3. Por que foi criado o "short-triatlo"?

____

____

4. Como fica o nosso corpo no estado de estressamento?

5. Quais os "sucos" que auxiliam no processo digestivo?

6. O que é a linfa?

7. Para que servem as válvulas cardíacas?

8. Qual a função do suor, da urina e das fezes?

9. Por que necessitamos repor a água perdida através do suor, urina e fezes?

10. Qual a função dos exercícios aeróbicos?

11. Por que a natação é considerada um "esporte completo"?

12. Explique o fenômeno da inspiração.

13. Por que devemos evitar escolher as avenidas movimentadas como local de treinamento (para uma corrida, por exemplo)?

14. Por que dizemos que os músculos bíceps e tríceps têm ação antagônica?

15. Por que devemos escolher o tipo de calçado (tênis) certo para as diferentes modalidades esportivas?

16. Qual a finalidade do aquecimento do corpo antes dos exercícios?

17. Quais os efeitos, a médio e longo prazo, dos anabolizantes no nosso organismo?

3. CORAÇÃO

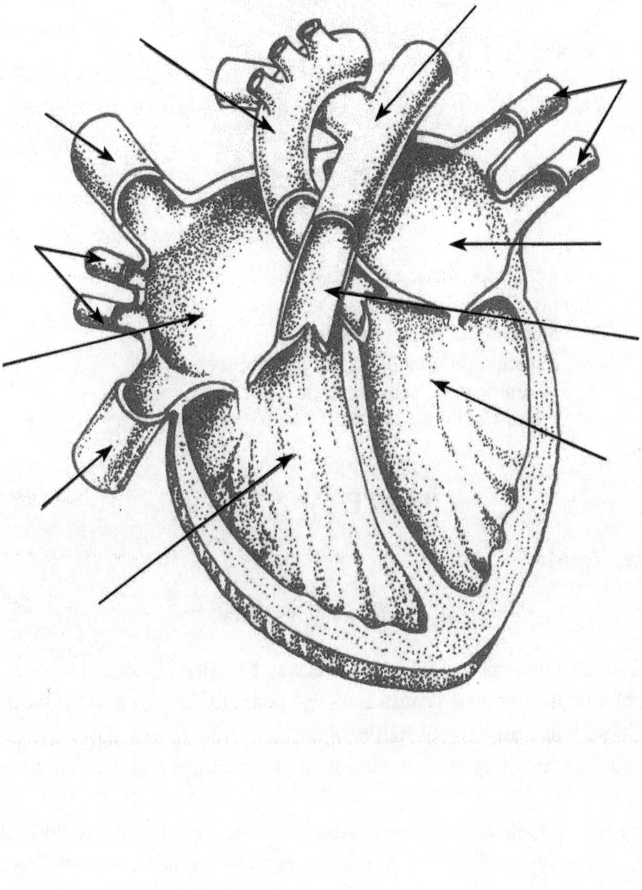

PARTE III

Relacione as colunas:

1. Dos três estágios do sono e suas características:

(a) 1º estágio ( ) movimento rápido dos olhos
(b) 2º estágio ( ) podemos acordar ao menor ruído
(c) 3º estágio ( ) fase dos sonhos
( ) relaxamento muscular
( ) duração de aproximadamente 7 minutos
( ) sono muito profundo
( ) trabalho intenso das glândulas (liberação de hormônios)

2. Dos tipos de nutrientes e sua função no nosso organismo:

(a) plásticos ( ) carboidratos
(b) energéticos ( ) sais minerais
(c) reguladores ( ) proteínas
( ) lipídios
( ) vitaminas

3. Das "drogas" e seus efeitos:

(a) anabolizantes ( ) grande perda de água (diminuição do peso)
(b) estimulantes ( ) permite maior firmeza no braço
(c) diuréticos ( ) aumento da massa muscular
(d) narcóticos analgésicos ( ) aumento da quantidade de hemácias
(e) betabloqueadores ( ) diminuição da sensibilidade à dor
(f) hormônios peptídeos ( ) maior facilidade na transmissão do impulso nervoso

PARTE IV

Leia o texto e realize a atividade:

"Fumo ou saúde: a opção é sua"

Em 1980 este foi o título de uma campanha da OMS (Organização Mundial de Saúde).

Já há muito se sabe dos problemas que o cigarro causa ao corpo humano. Mas as pessoas mesmo assim continuam a fumar. É uma opção. E você deve, mais cedo ou mais tarde, optar.

Algumas pessoas, influenciadas pela propaganda, fumam para parecer mais adultas, responsáveis ou elegantes, e outras desculpas mais.

Não é muito fácil começar a fumar. Quando se começa sente-se enjoo, dor de cabeça, ânsia de vômito e tontura. Nosso corpo tenta eliminar as substâncias intoleráveis. Mas se as pessoas insistem, acabam forçando o organismo a tolerar o fumo e passam a conviver e adaptar-se a ele (tolerância e vício). Aí tornam-se dependentes dele e é muito difícil parar.

Além de causar mau hálito, acarreta graves problemas à nossa saúde. Duas substâncias, o alcatrão e a fuligem na fumaça, irritam nossas vias respiratórias, destruindo parte do epitélio protetor, e impedem sua limpeza.

Além de diminuírem nossa capacidade respiratória, causam a tosse e o pigarro, comuns nos fumantes. E facilitam outros problemas respiratórios, como a bronquite e o enfisema (destruição dos alvéolos pulmonares).

A nicotina, além de causar aumento da pressão sanguínea, contribui para a ocorrência de problemas circulatórios, como a arteriosclerose, enfartes e tromboses. Faz o coração trabalhar mais para compensar os diversos problemas, enfraquecendo-o.

E existe no tabaco do cigarro uma substância chamada benzopireno, que é responsável por tumores cancerosos na boca, língua, esôfago, pulmões, rins e pâncreas.

Crianças de mães fumantes nascem com tamanho menor que o normal e muitas vezes têm seu desenvolvimento afetado.

Mas vamos parar por aqui. Como está escrito no início, fumo ou saúde: a opção é sua!

(David, Juvenal, Alvim, Grassi, *Ciência e Realidade — O Corpo Humano*.)

Relacione o conteúdo deste livro com o texto anterior – consulte também outras fontes – e disserte a respeito do prejuízo que o fumo pode causar ao desempenho dos atletas.

PARTE V

Esquemas:

Indique o nome das estruturas apontadas pelas setas:

1. SISTEMA DIGESTIVO

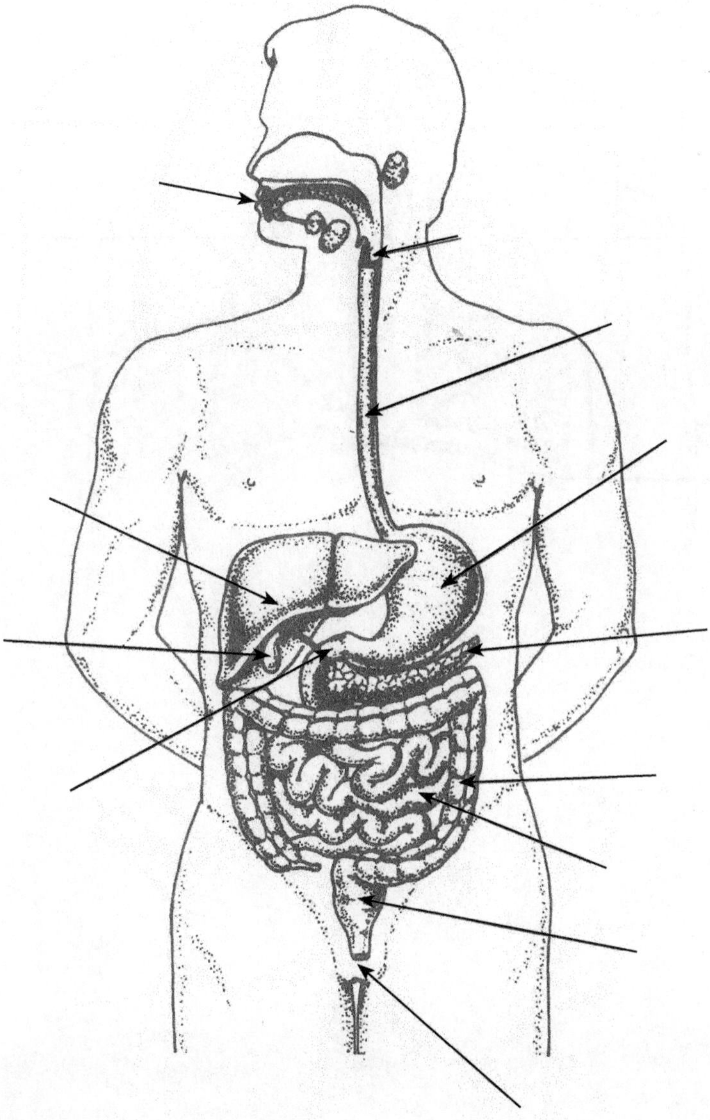

2. SISTEMA RESPIRATÓRIO

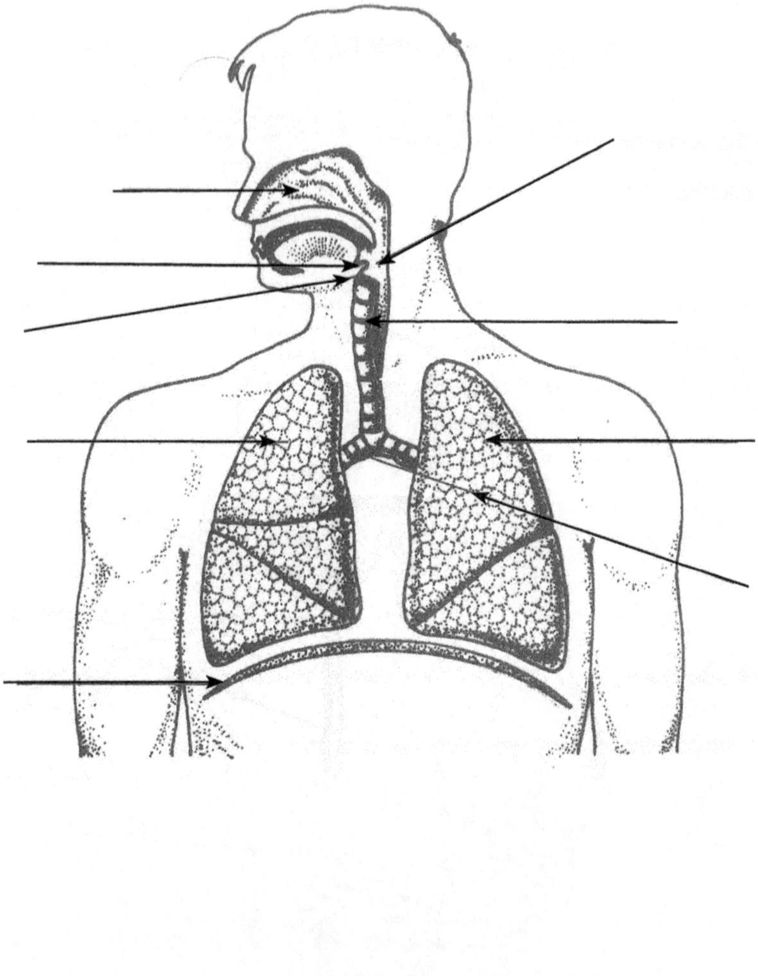